D1693136

Vater ist mein Freund

Christel und Michael Rosenfeld

Vater ist mein Freund

Herder Freiburg · Basel · Wien

Ich hoffe,
daß mein Vater mich so liebhat
wie ich ihn liebhabe.

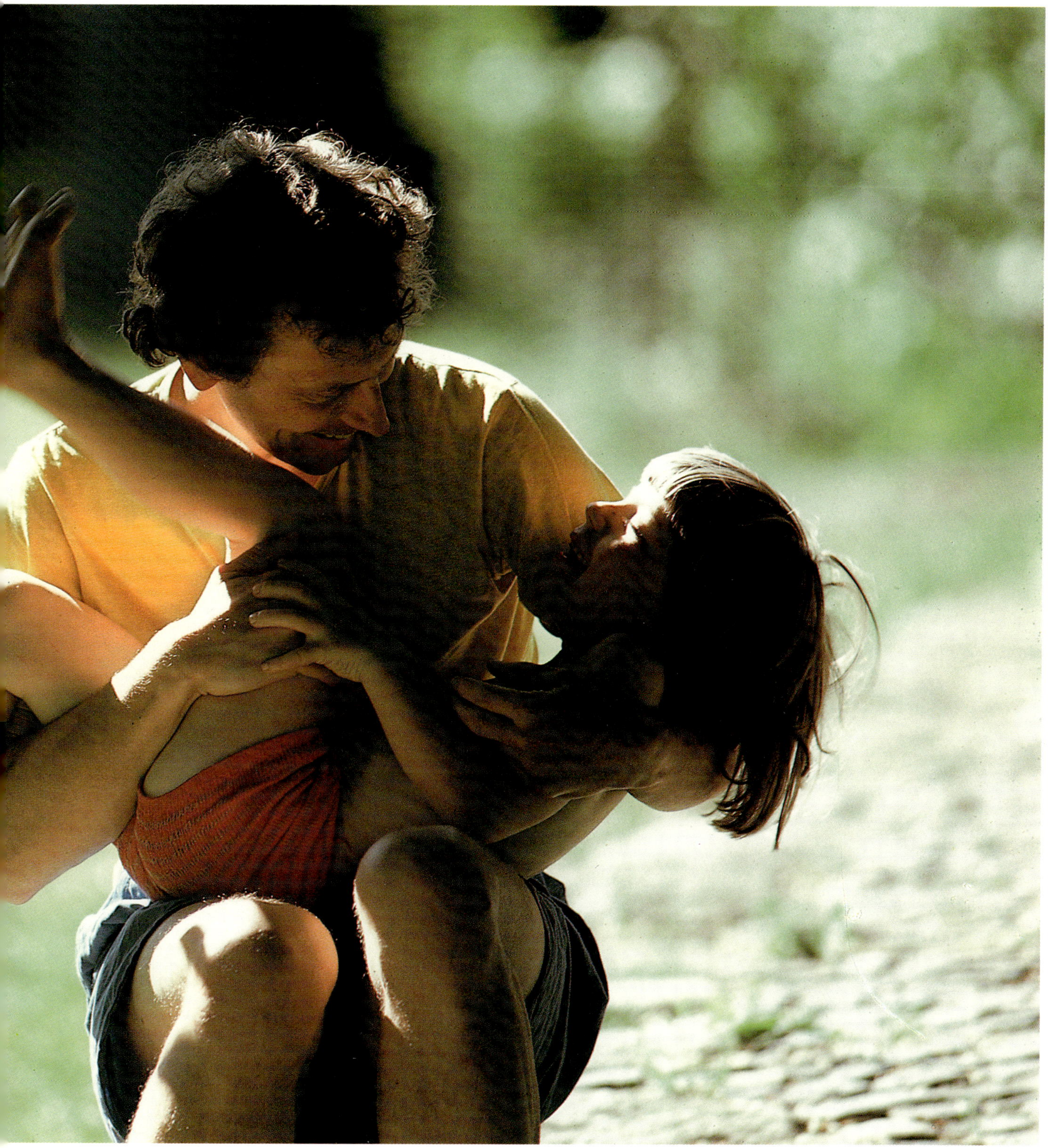

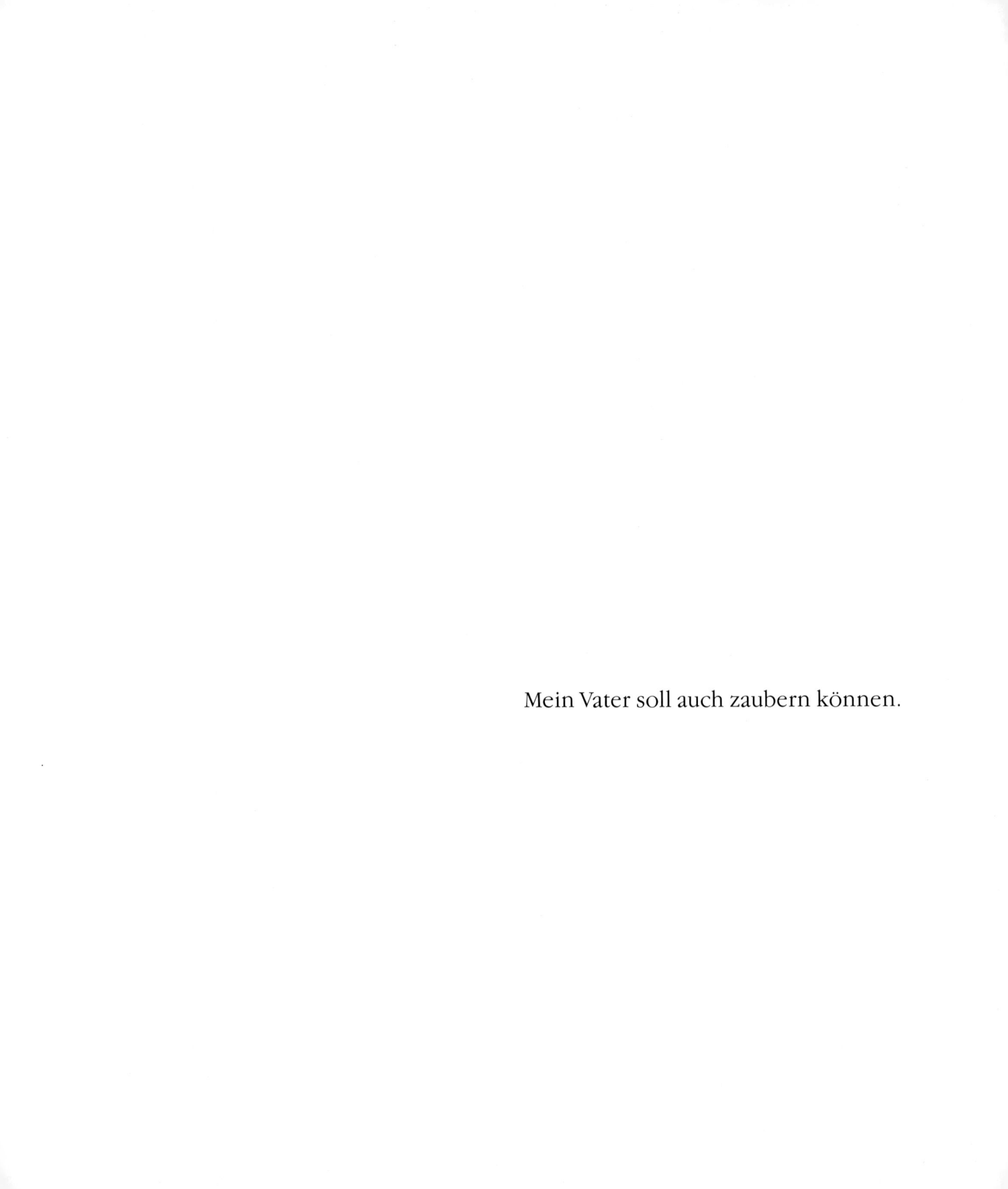

Mein Vater soll auch zaubern können.

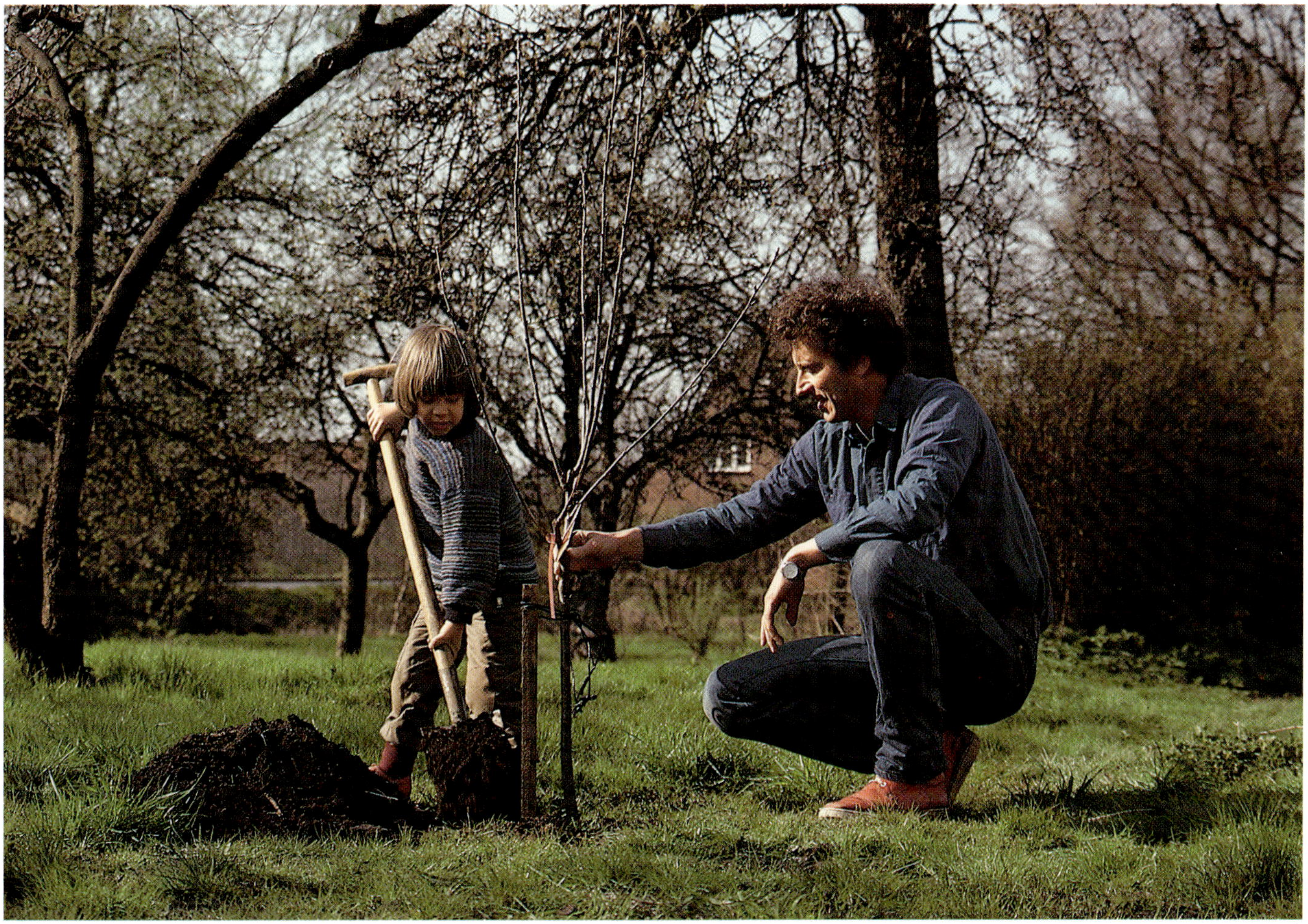

Wir aßen leckeren Käse
und brieten uns Hühnchen,
tranken Orangen- und Himbeersaft,
und überhaupt war alles wunderschön.
Danach tobten wir im Gras,
ich pflückte Blumen
und bestreute Papa damit.
Wir wälzten uns,
machten Handstand
und sprangen herum.
Papa wurde müde von der Hopserei
und er setzte sich
auf den alten weißen Stuhl.

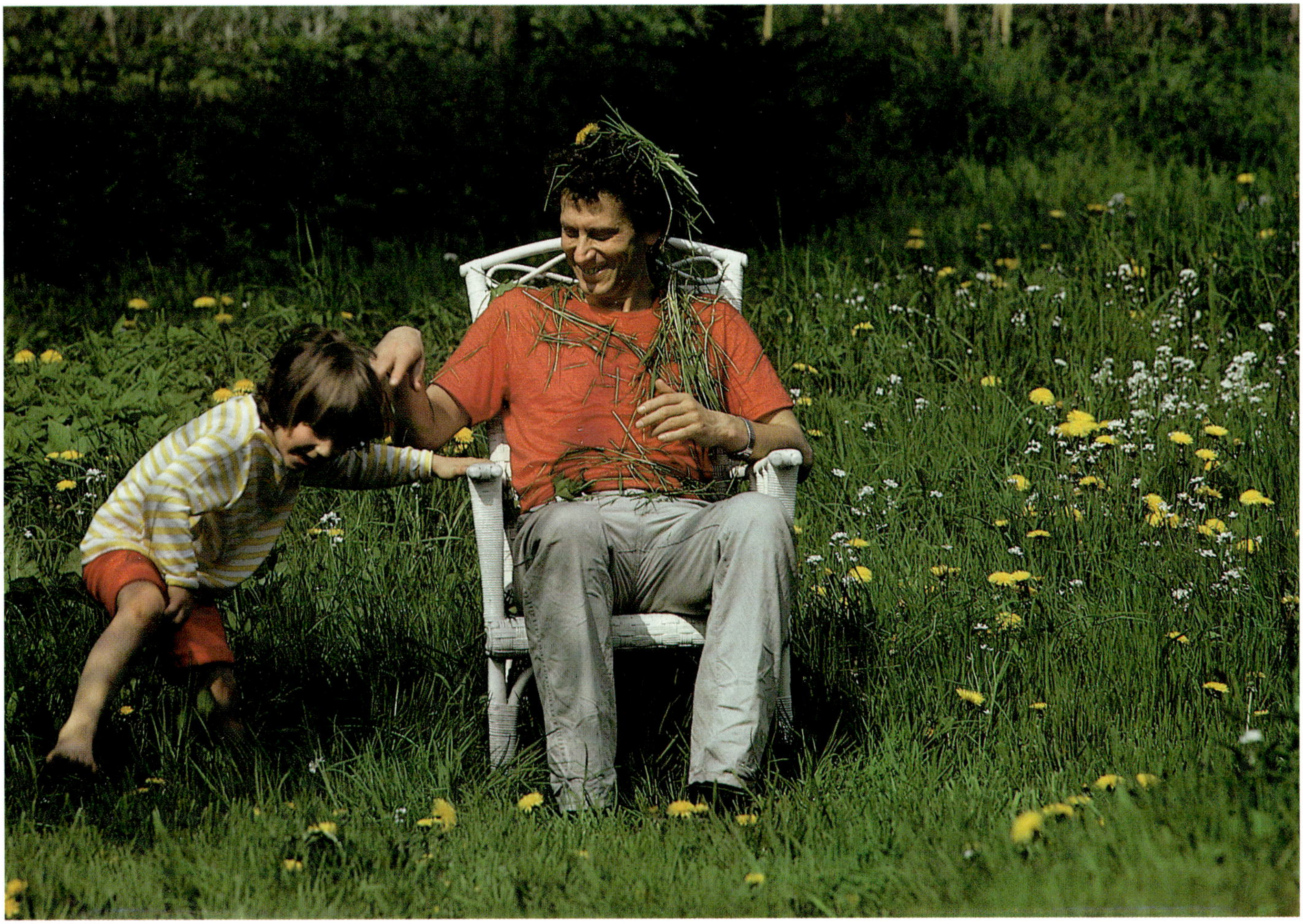

Mein Vater müßte Millionär
wie Dagobert Duck sein.
Aber er müßte spendabel sein.
Sonst gefällt er mir sehr gut.

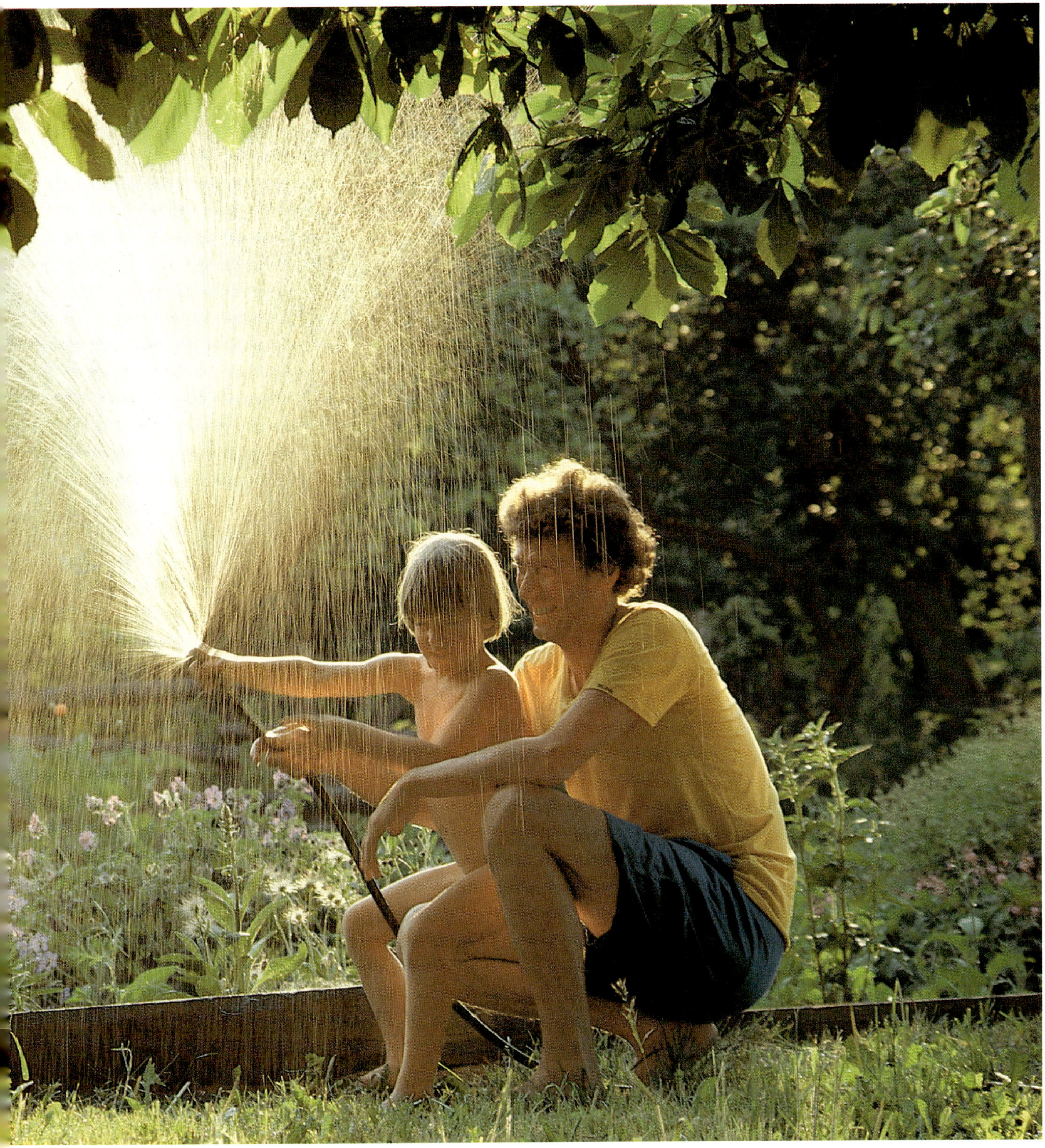

Ich möchte,
daß das Geld meines Vaters nie alle wird,
daß er nie mit mir schimpft,
und daß er immer Zeit für mich hat.

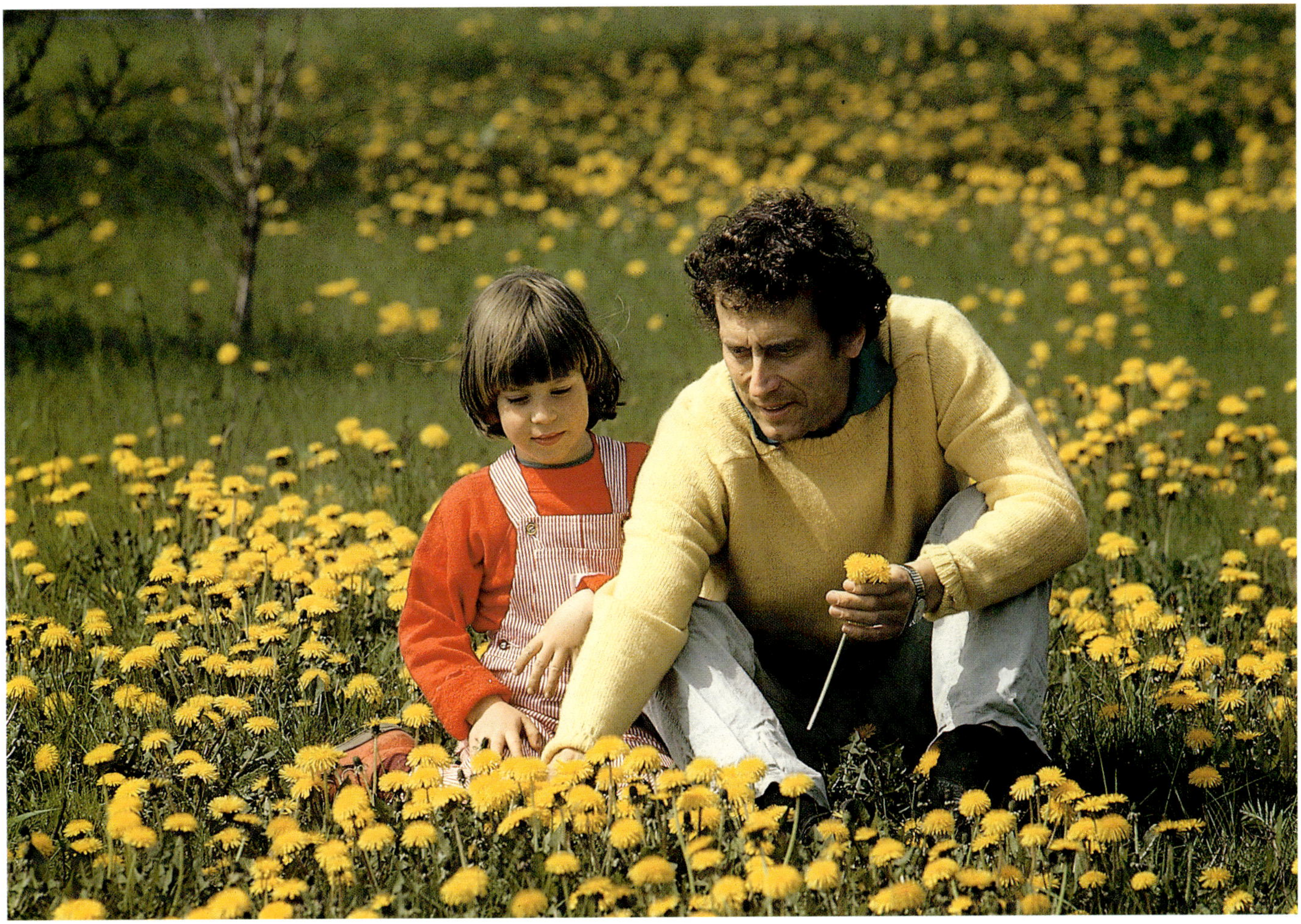

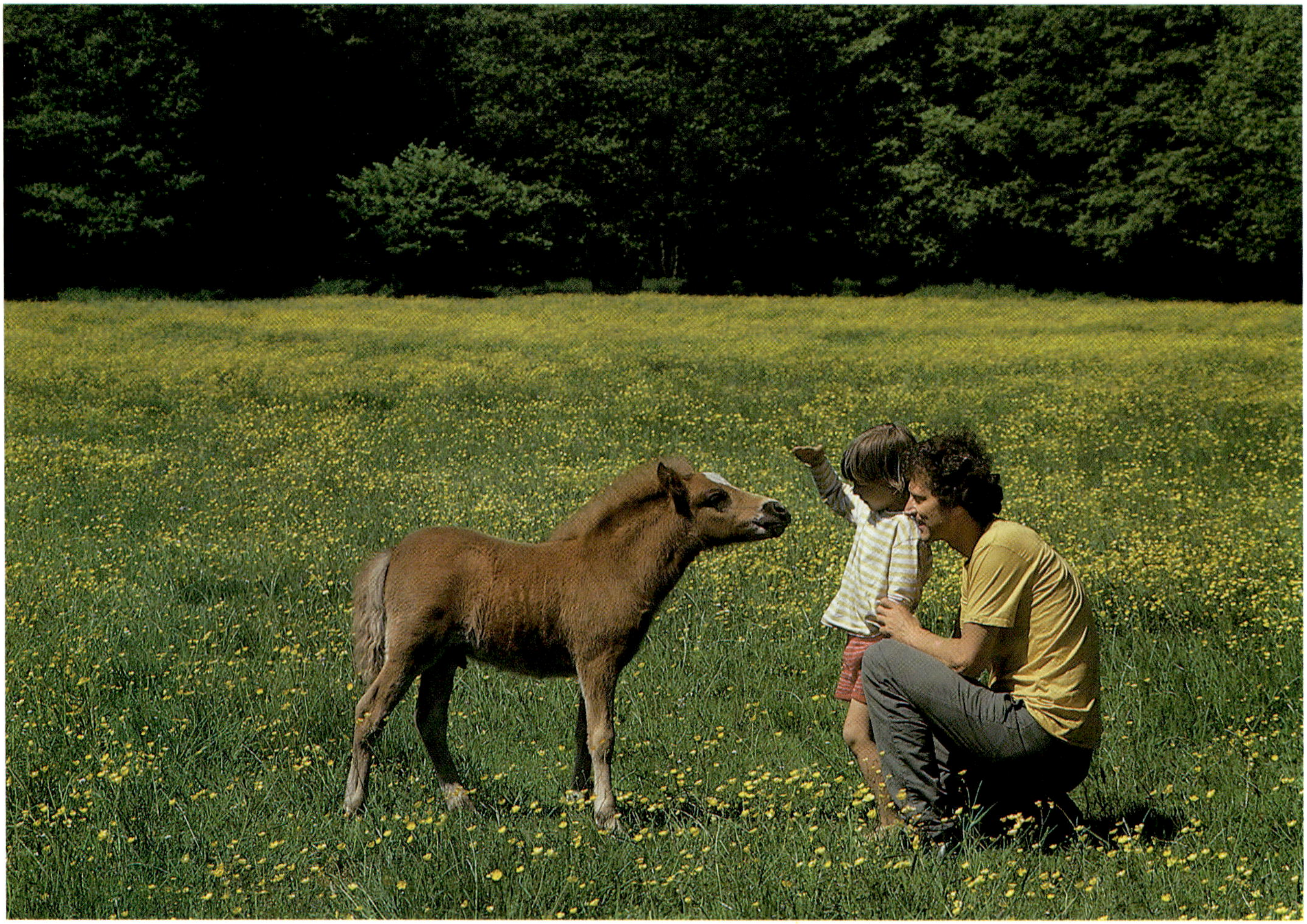

Wenn mein Vater tierfreundlich wäre,
könnten wir zu Hause einen Zoo haben.

Ich will mit meinem Vater
nach Afrika fahren
und viele Elefanten, Giraffen, Nashörner und
Affen besichtigen.
Und dann werde ich mit ihm
ein kleines Elefantenbaby aufziehen.

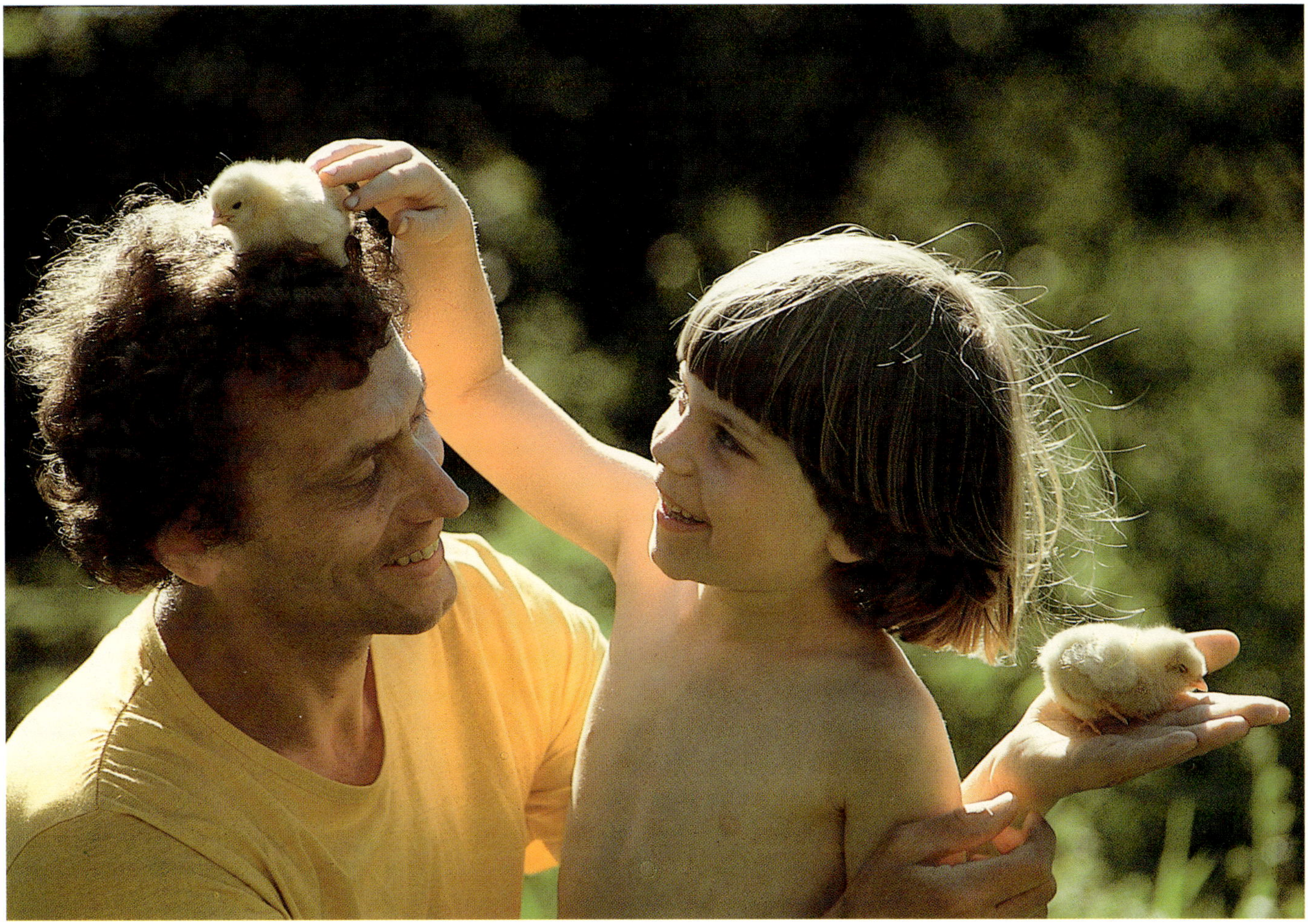

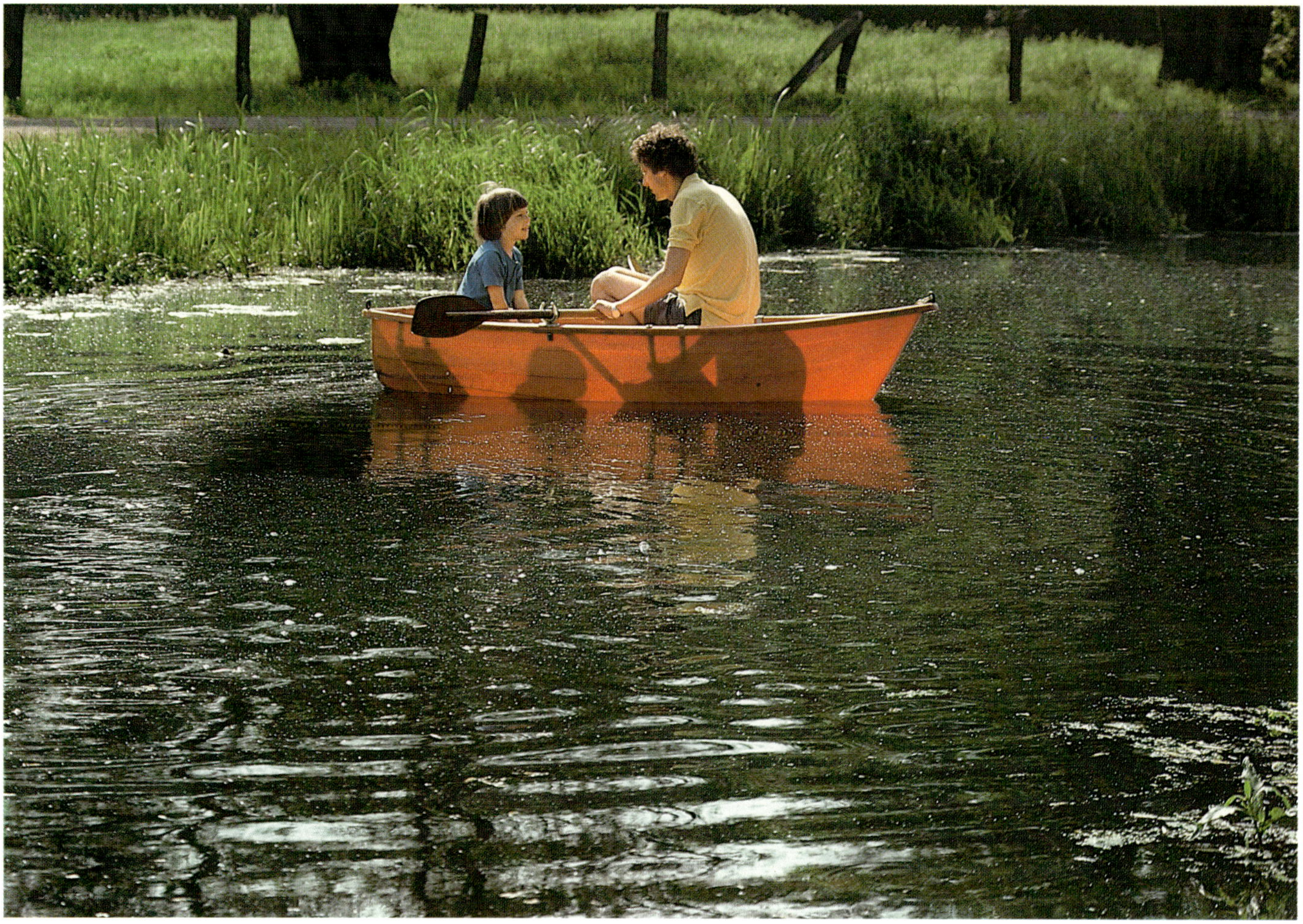

Mein Vater und ich
fuhren mit einem kleinen Segelschiff
auf einem großen Meer.
Weit entfernt war ganz klein
eine kleine Insel zu sehen.
Wir fuhren direkt darauf zu.
Wir fuhren weiter
und aßen Kekse und tranken Brause.

Ich habe einen Vater,
der mit mir Indianer spielt.
Und ganz stark ist.
Der immer Zeit für mich hat.
Und der mit mir auf die Bäume klettert.

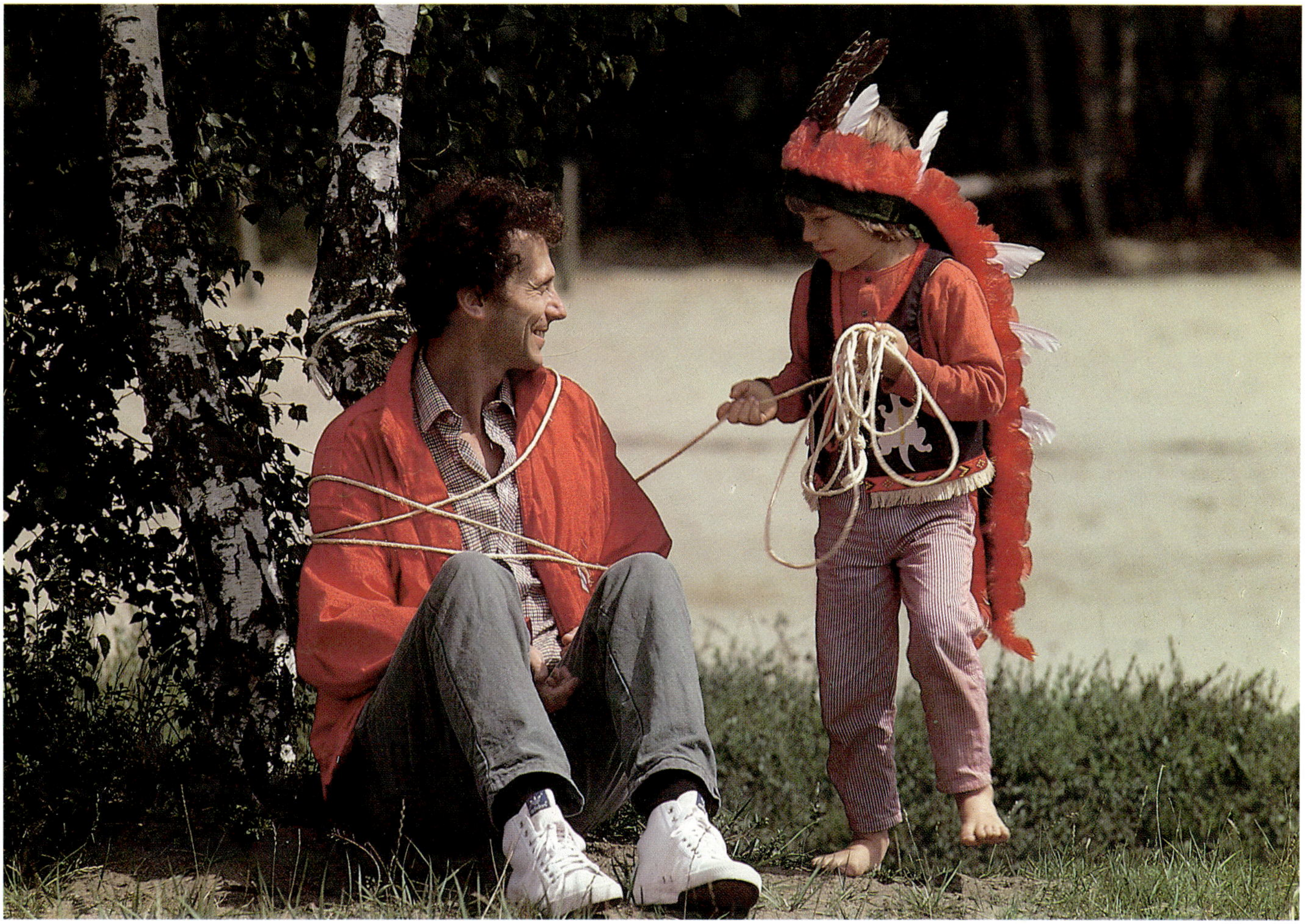

Wenn mal Krieg kommt,
sollte er nicht hingehen.

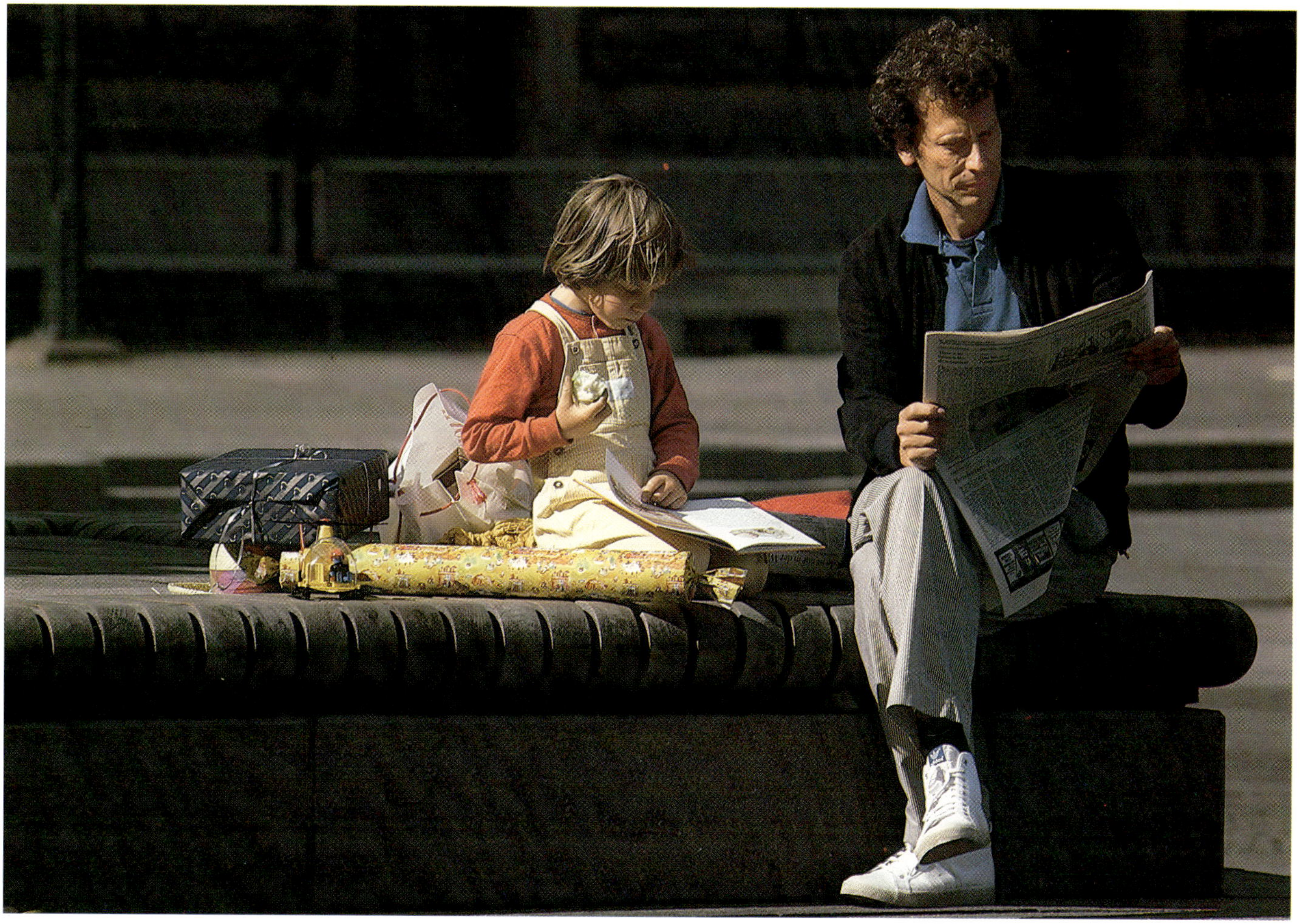

Er soll mir alles erklären,
was ich nicht verstehe.

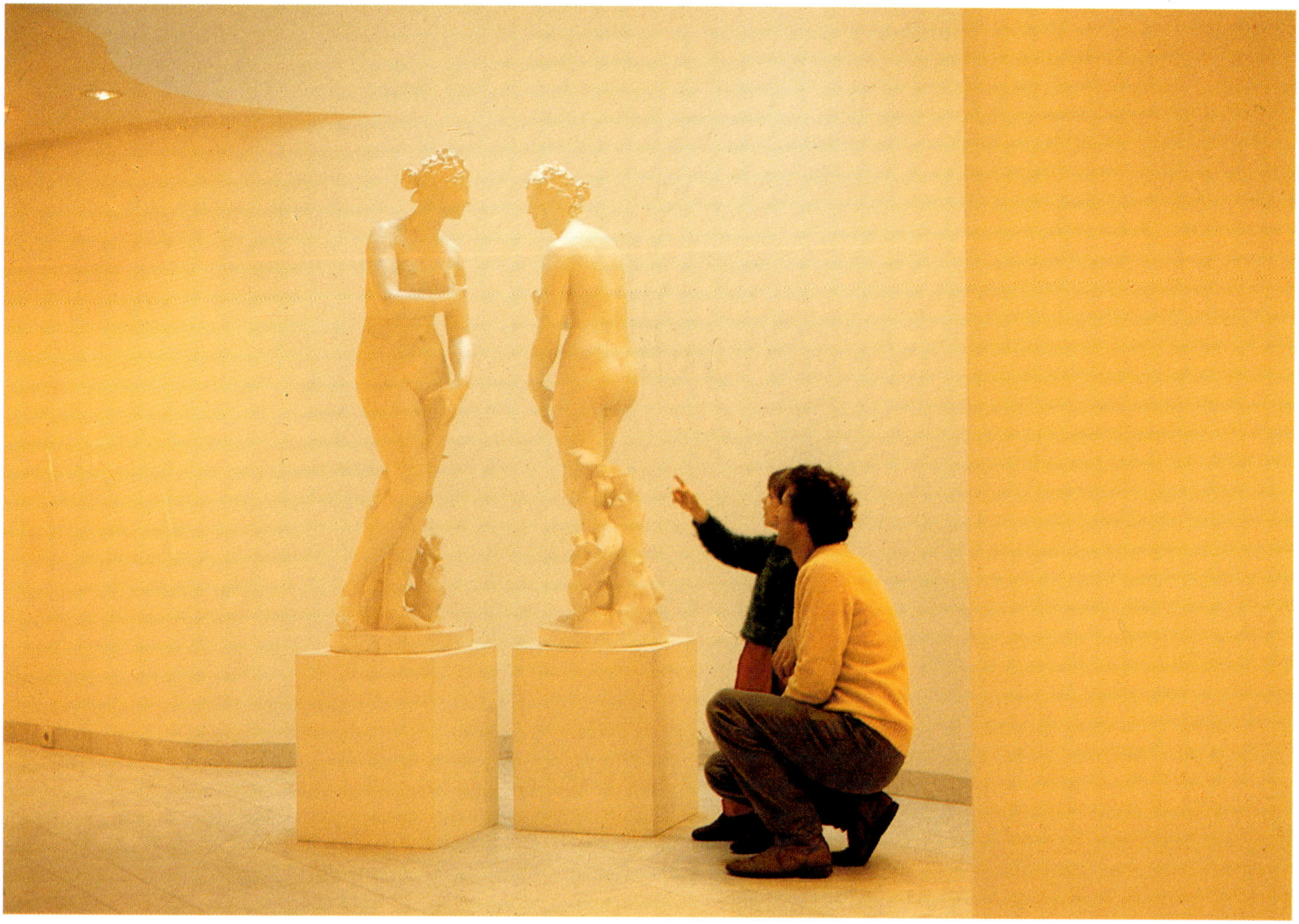

Ich finde es blöd,
daß mein Vater vorm Fernseher
immer einschläft.

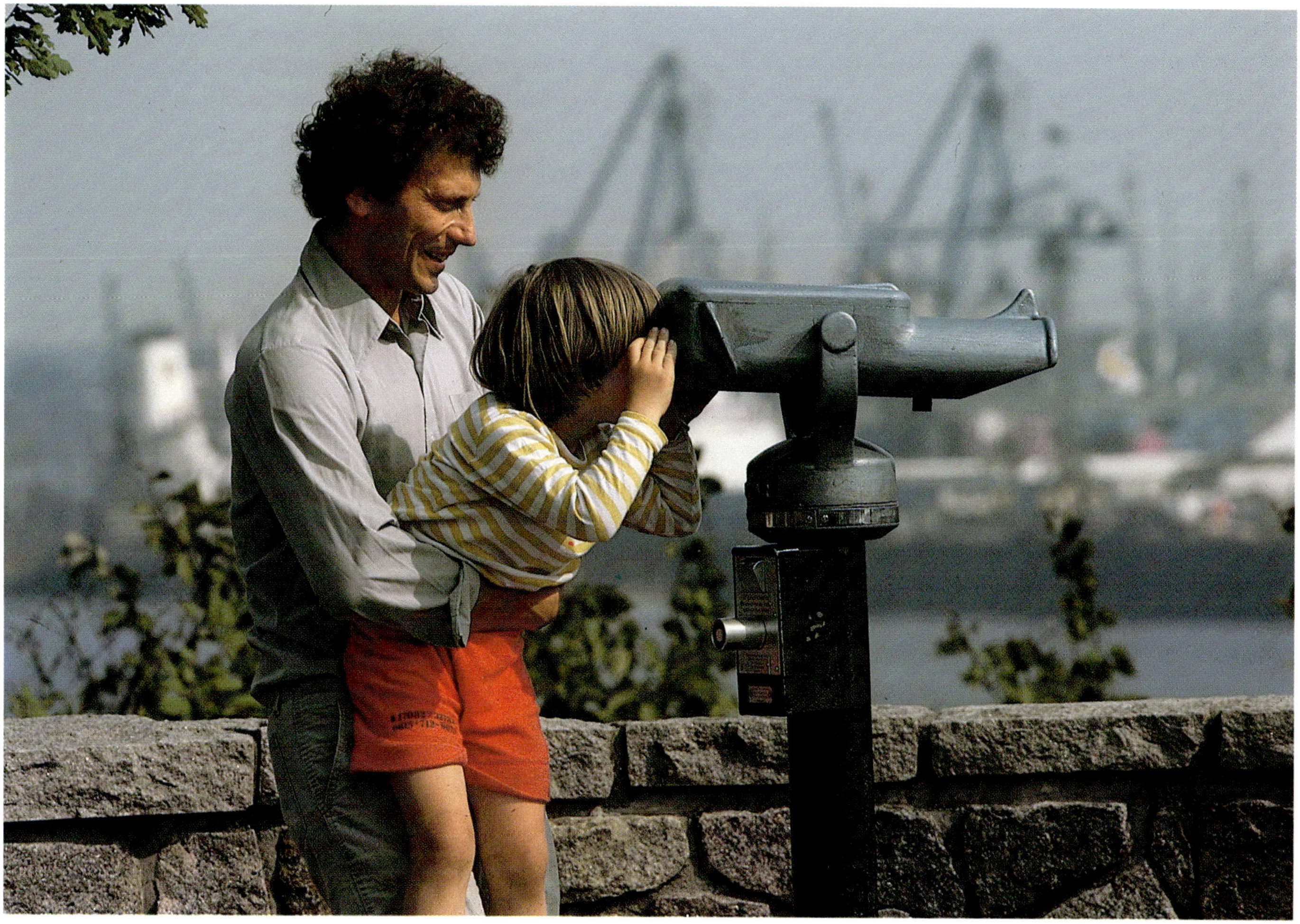

Außerdem wünsche ich mir von meinem Vater,
daß er mit mir eines Tages nach Amerika fliegt.
Wir würden ins Walt-Disney-Land fahren
oder uns dick und rund essen, bis wir platzen.

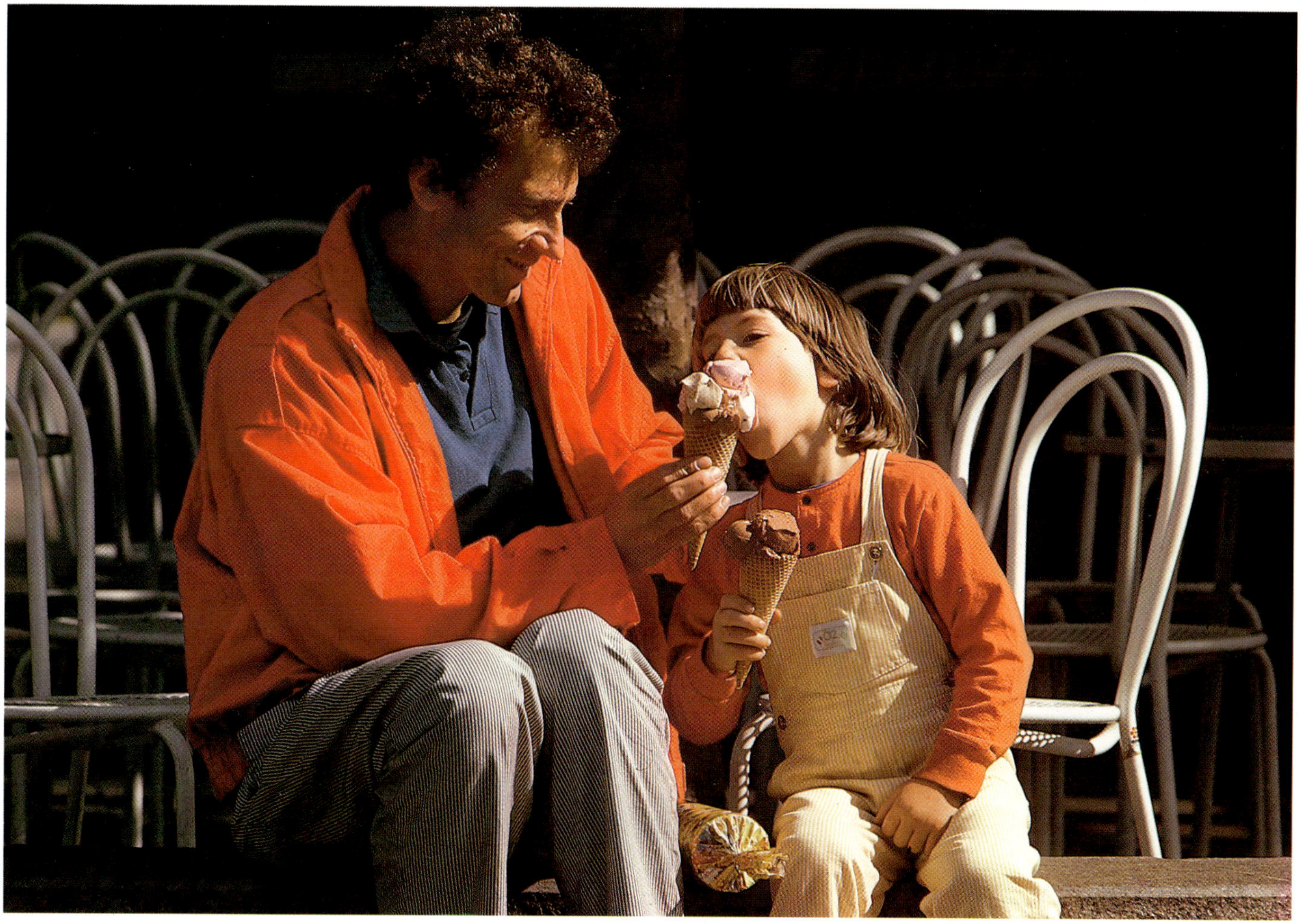

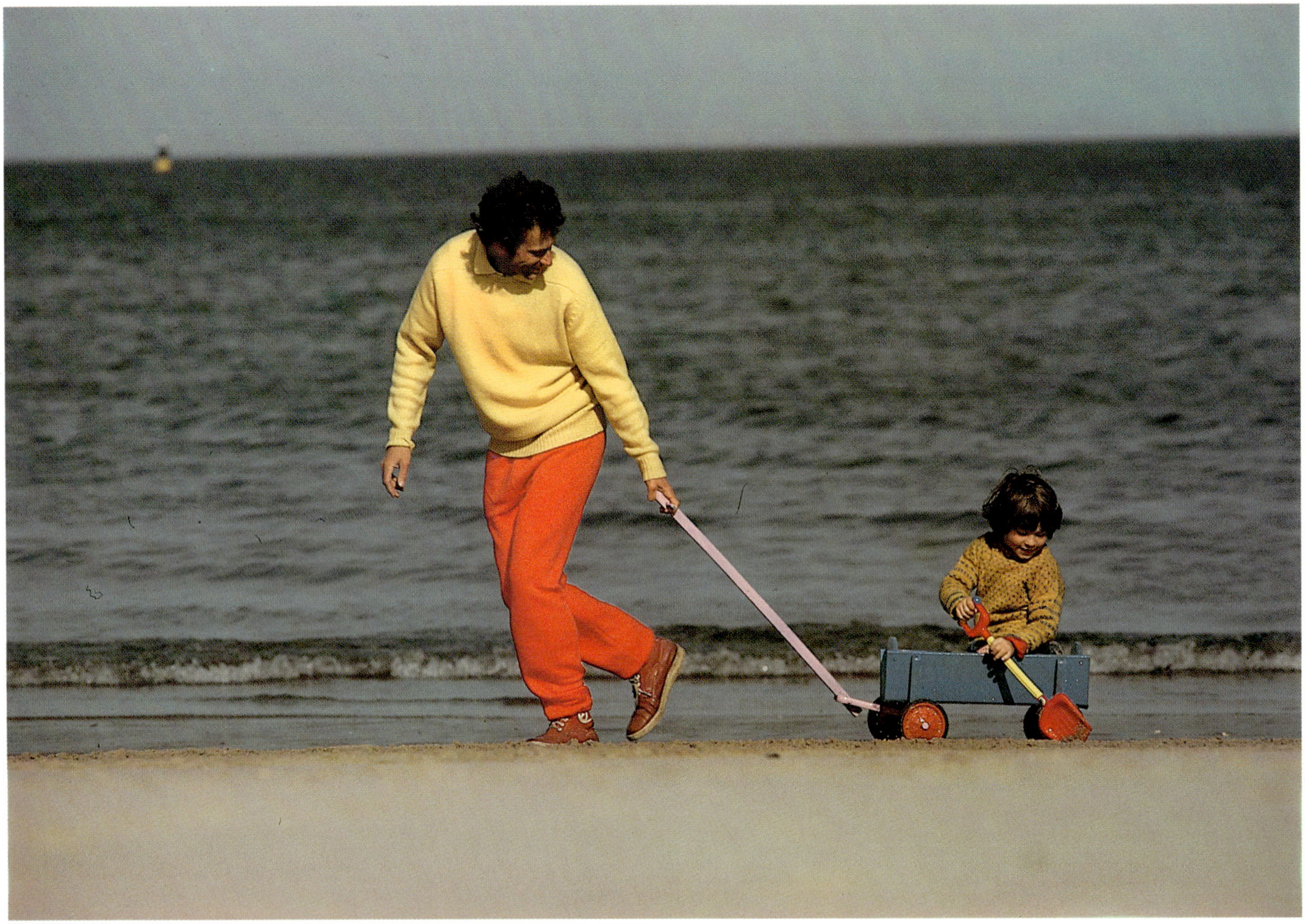

Ich wünsche mir,
mit meinem Vater in die Wildnis zu gehen.
Einfach irgendwohin, auf eine Insel,
wo kein Lärm ist, keine Autos sind
und keine Straßen und keine Umweltverschmutzung.
Wir würden uns eine Höhle bauen
und abends würden wir in der Höhle schlafen.

Ich wünsche mir von meinem Vater,
daß er sich nie von meiner Mutter trennt.

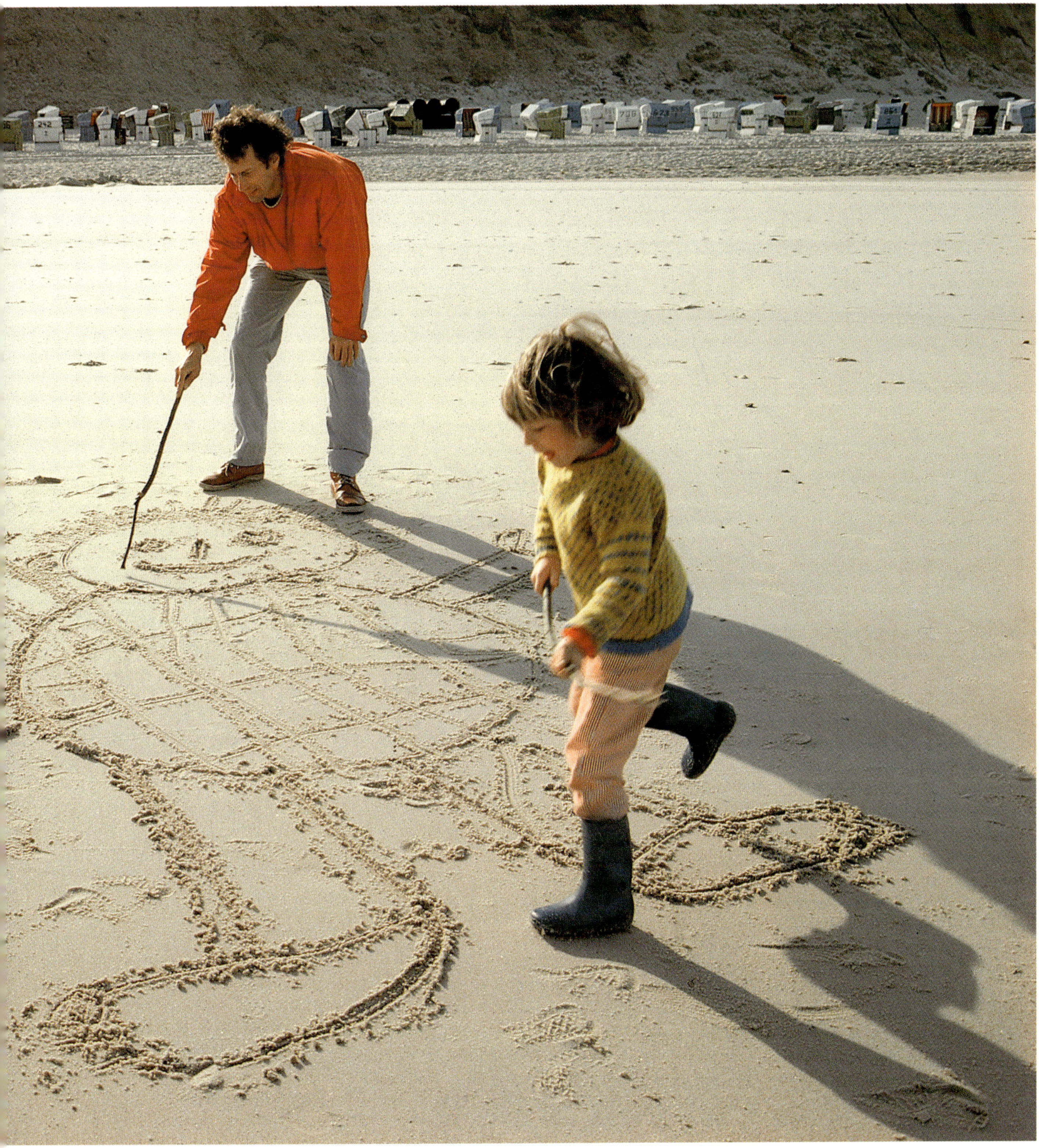

Mein Vater hat mich noch nie angemeckert,
er hat mich noch nie geschlagen,
und er wird es auch nie machen.

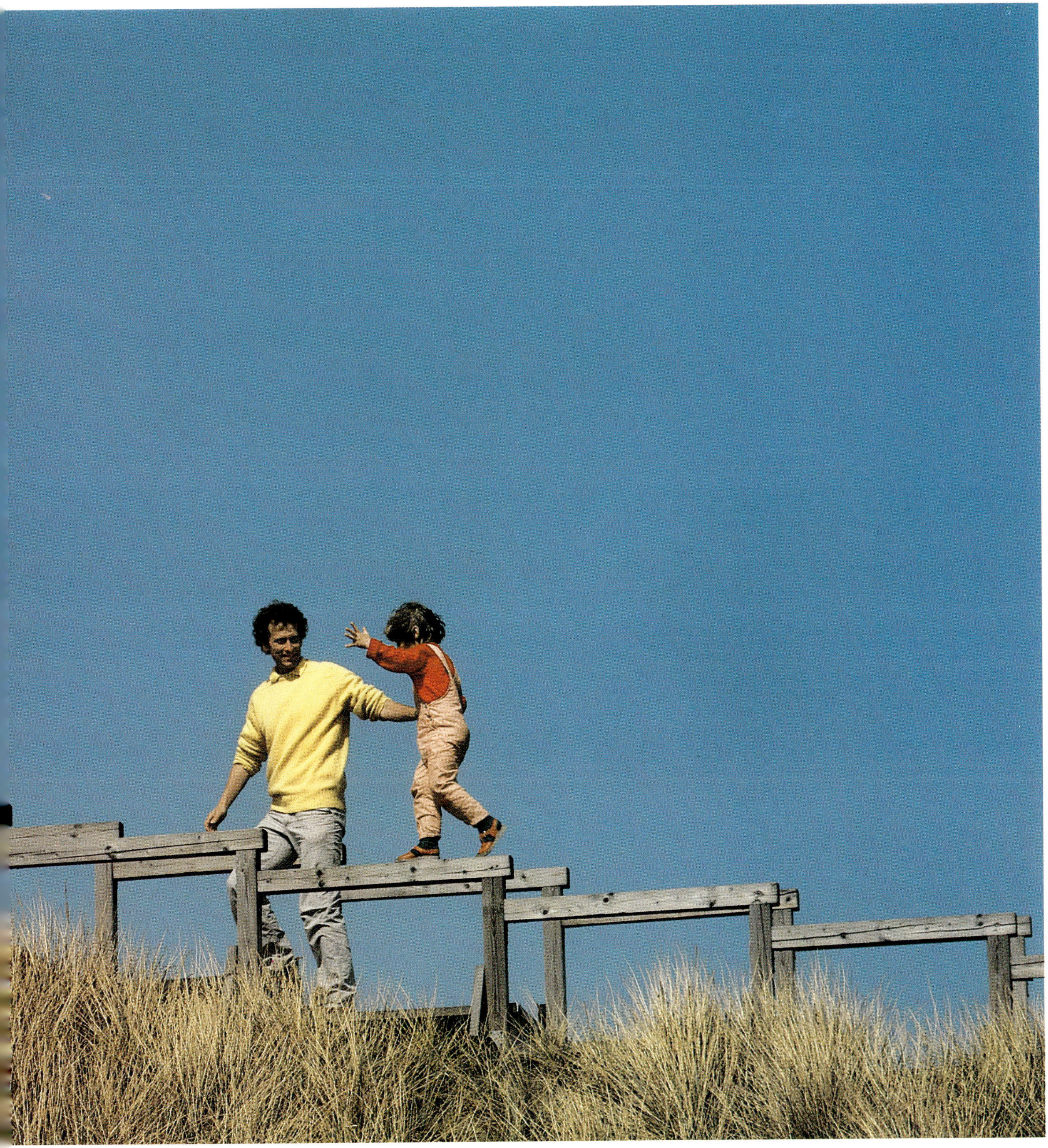

Wenn ich traurig bin, soll er mich trösten.

Mein Vater soll mir zuhören,
wenn ich etwas auf dem Herzen habe.

Mein Vater muß mit mir:
Boot fahren und Indianer spielen
und Eis essen gehen,
baden gehen, zum Zirkus gehen,
spielen, Zeit haben,
toben, Drachen steigen lassen,
Fernsehen gucken.

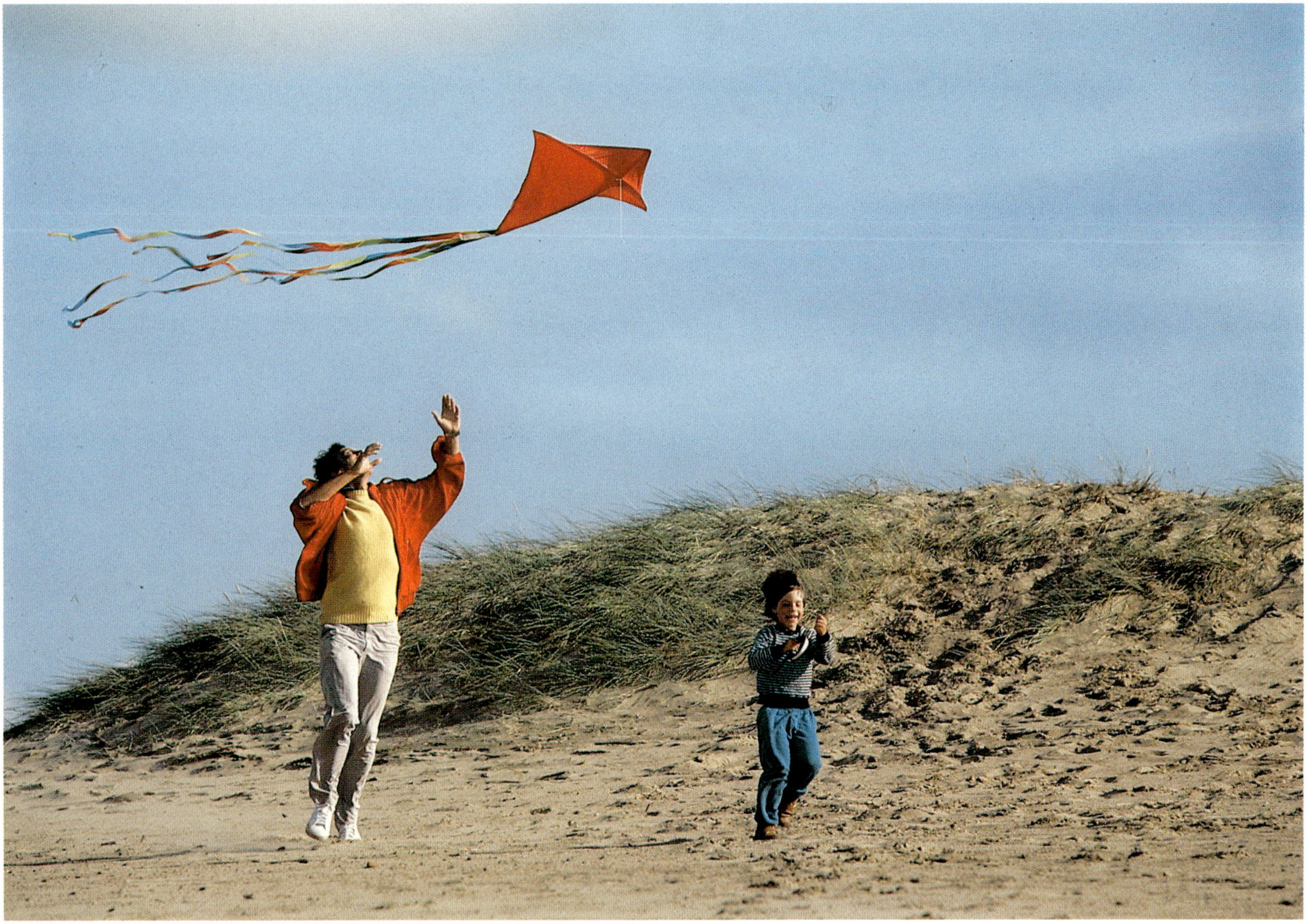

Wenn ich groß bin (19 Jahre alt),
möchte ich von ihm einen Führerschein haben.

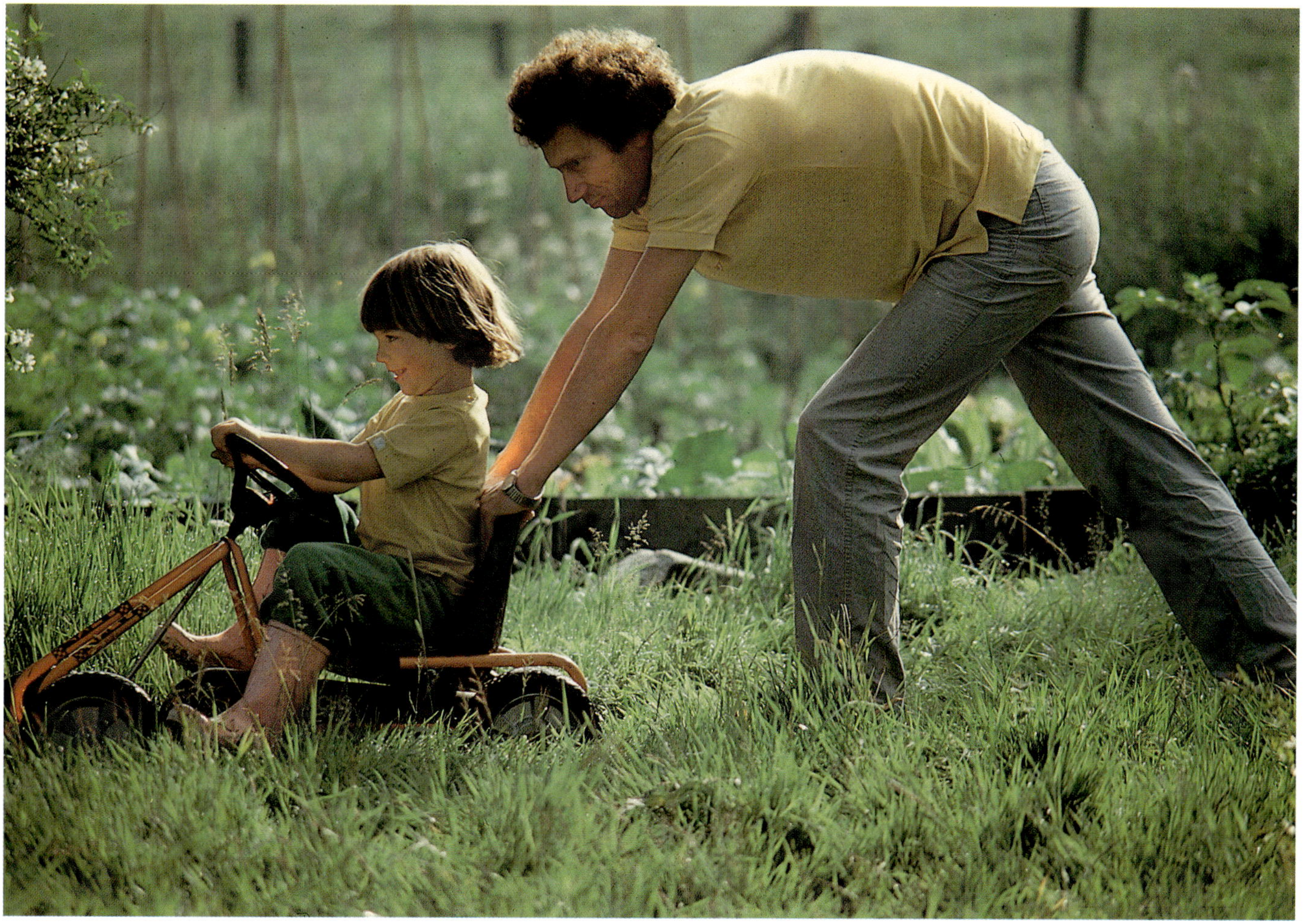

Eigentlich ist es ja alles so,
wie ich es mir wünsche.
Aber es soll sich auch nichts ändern.

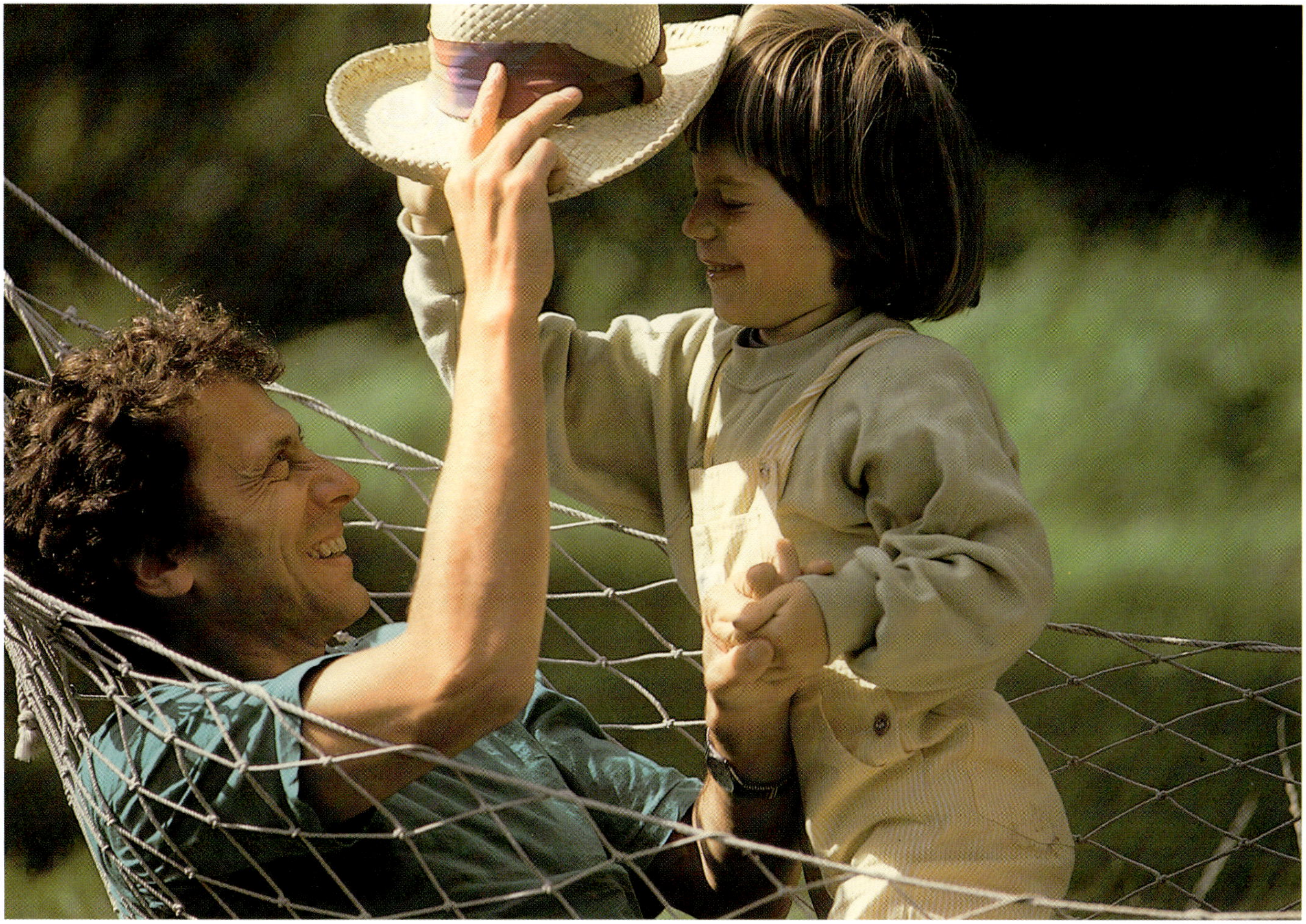

Ich wünsche mir,
daß Väter zu ihren Kindern
mehr Vertrauen haben.

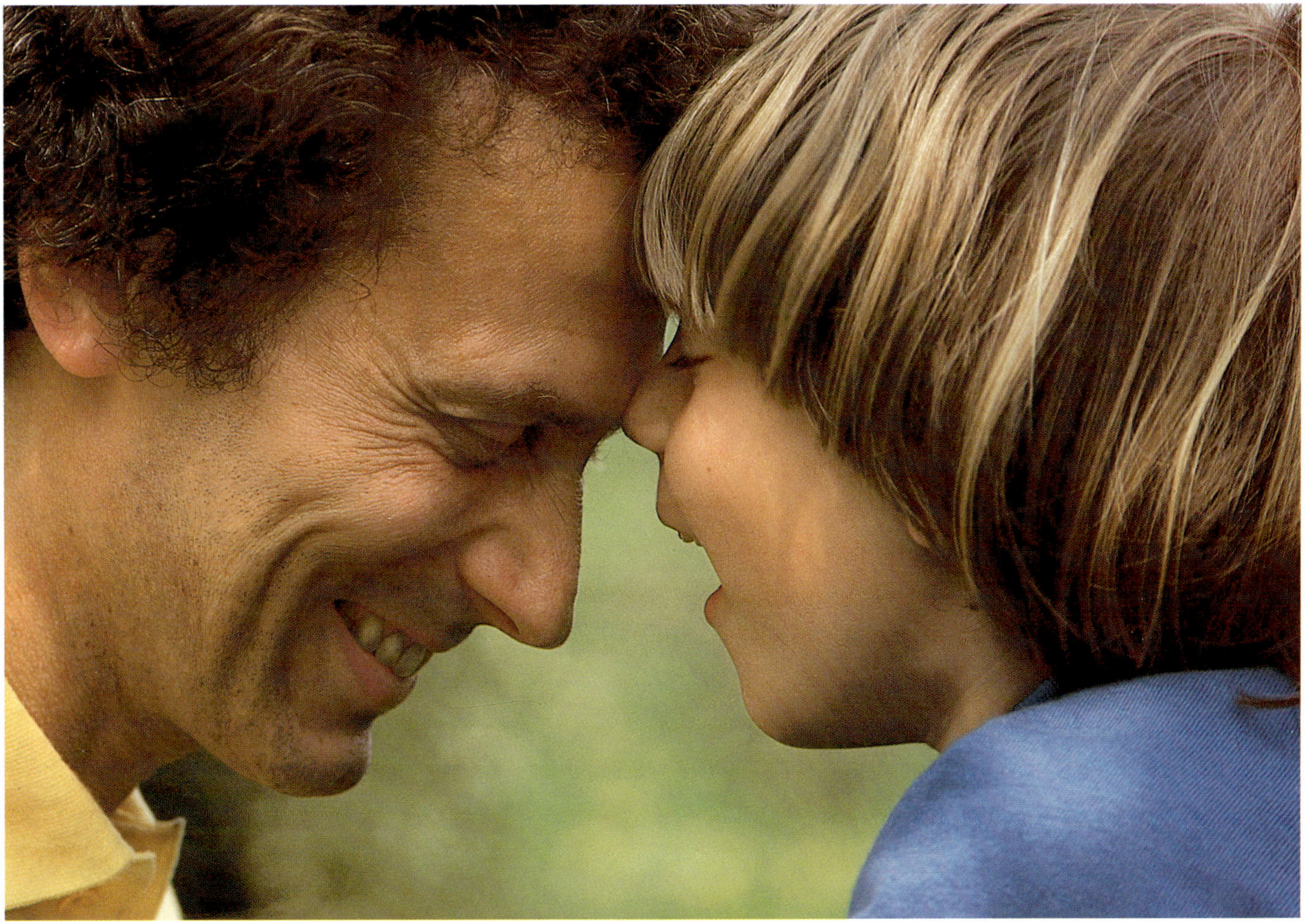

Ich kann mit ihm allen Quatsch machen,
vom Durchkitzeln bis zum Wettrennen.

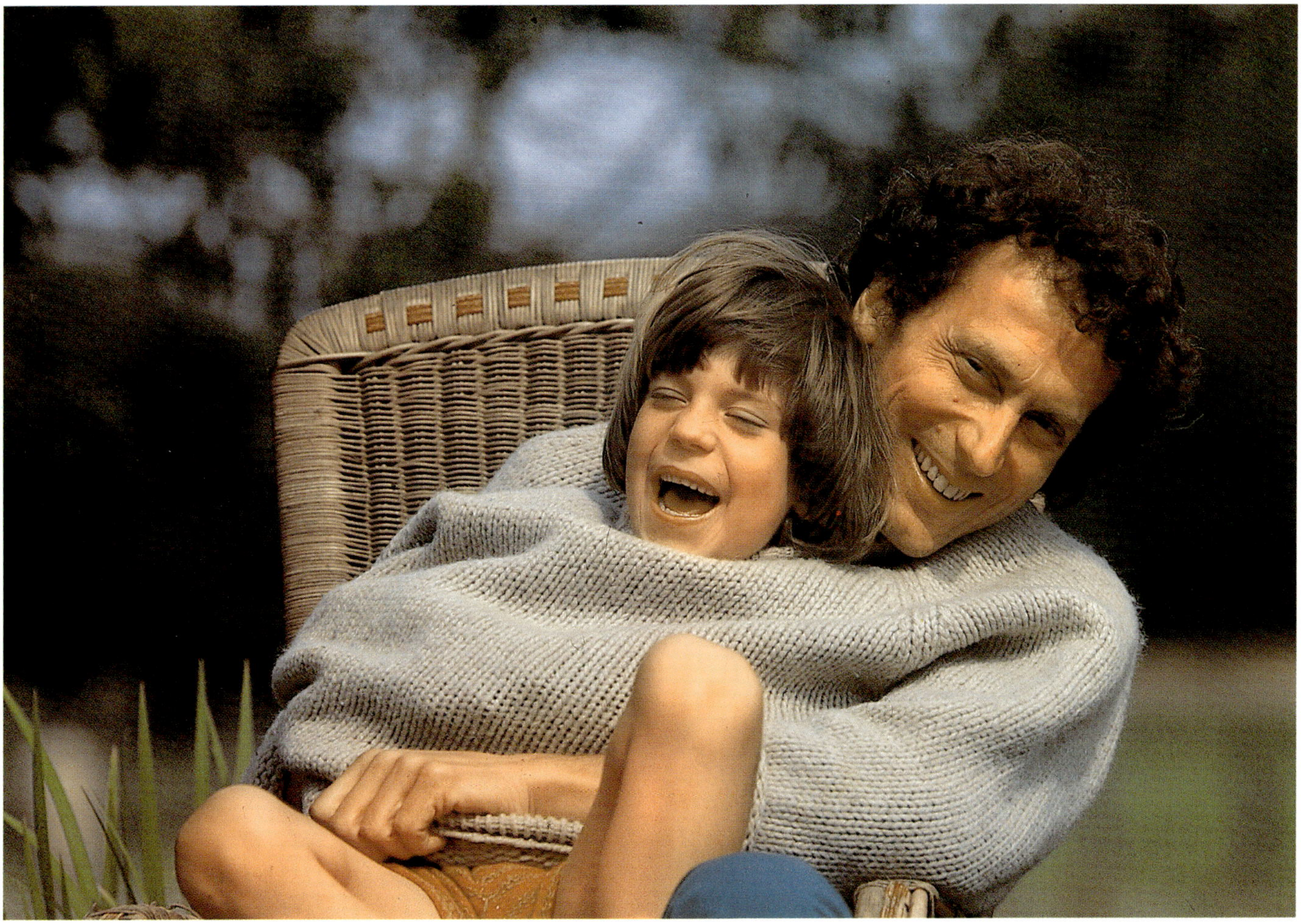

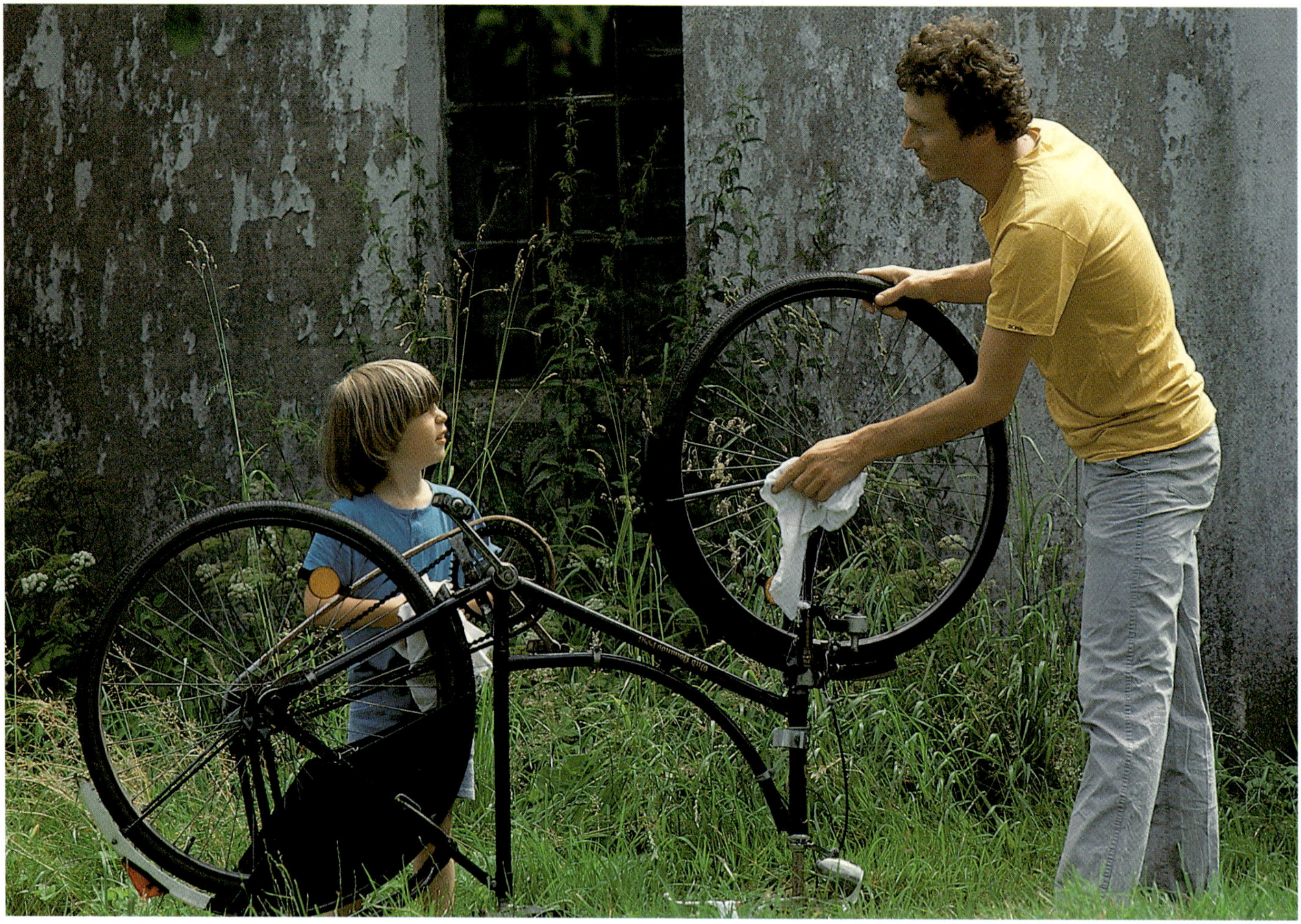

Ich fände es schön, wenn ich mit meinem Vater
im Urwald radfahren könnte.

Mein Vater und ich
hatten große Angst.
Papa kletterte schnell
einen Baum hoch
und zog mich hinterher.
Zu unserem Glück
lief der Löwe bald weg.

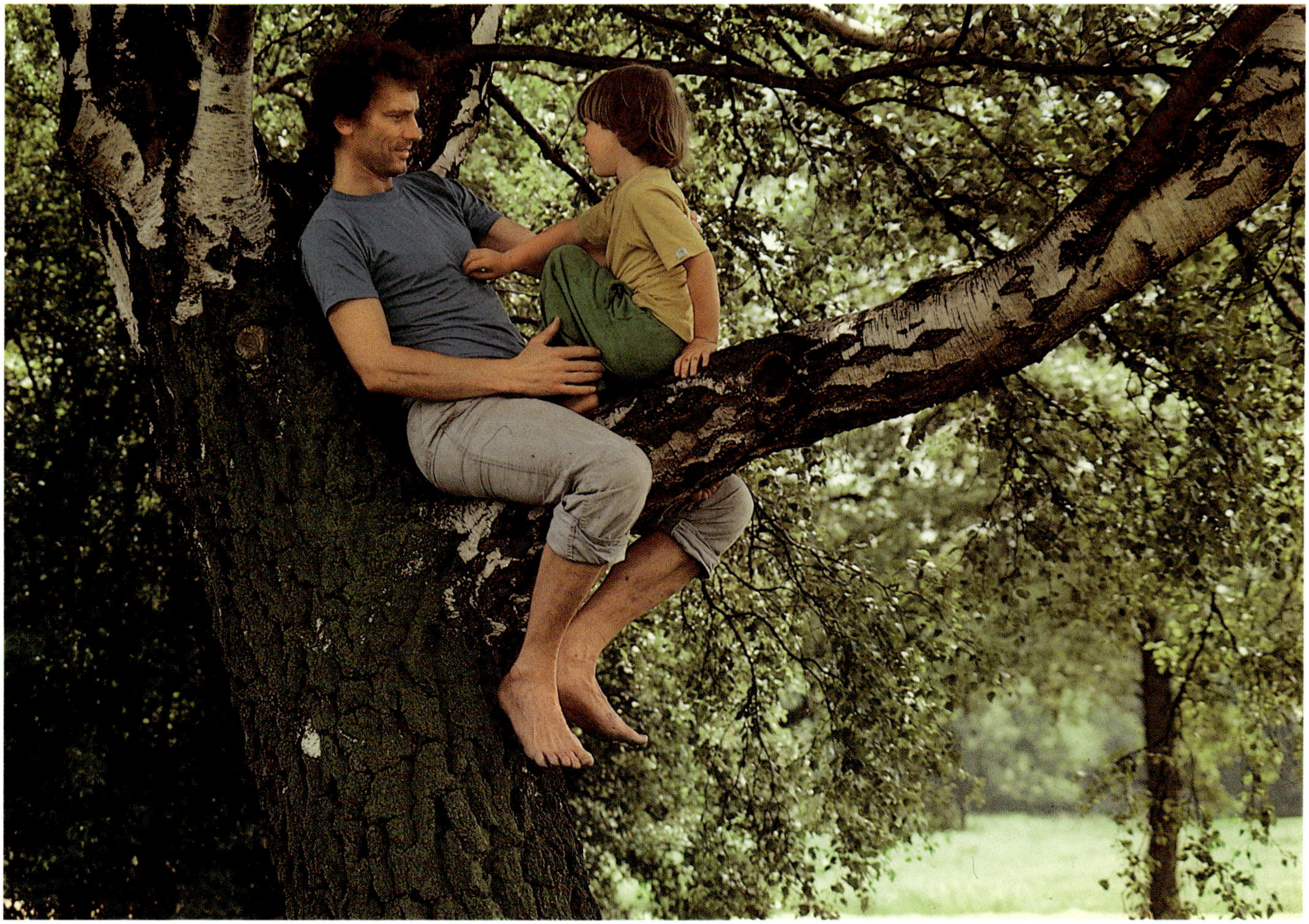

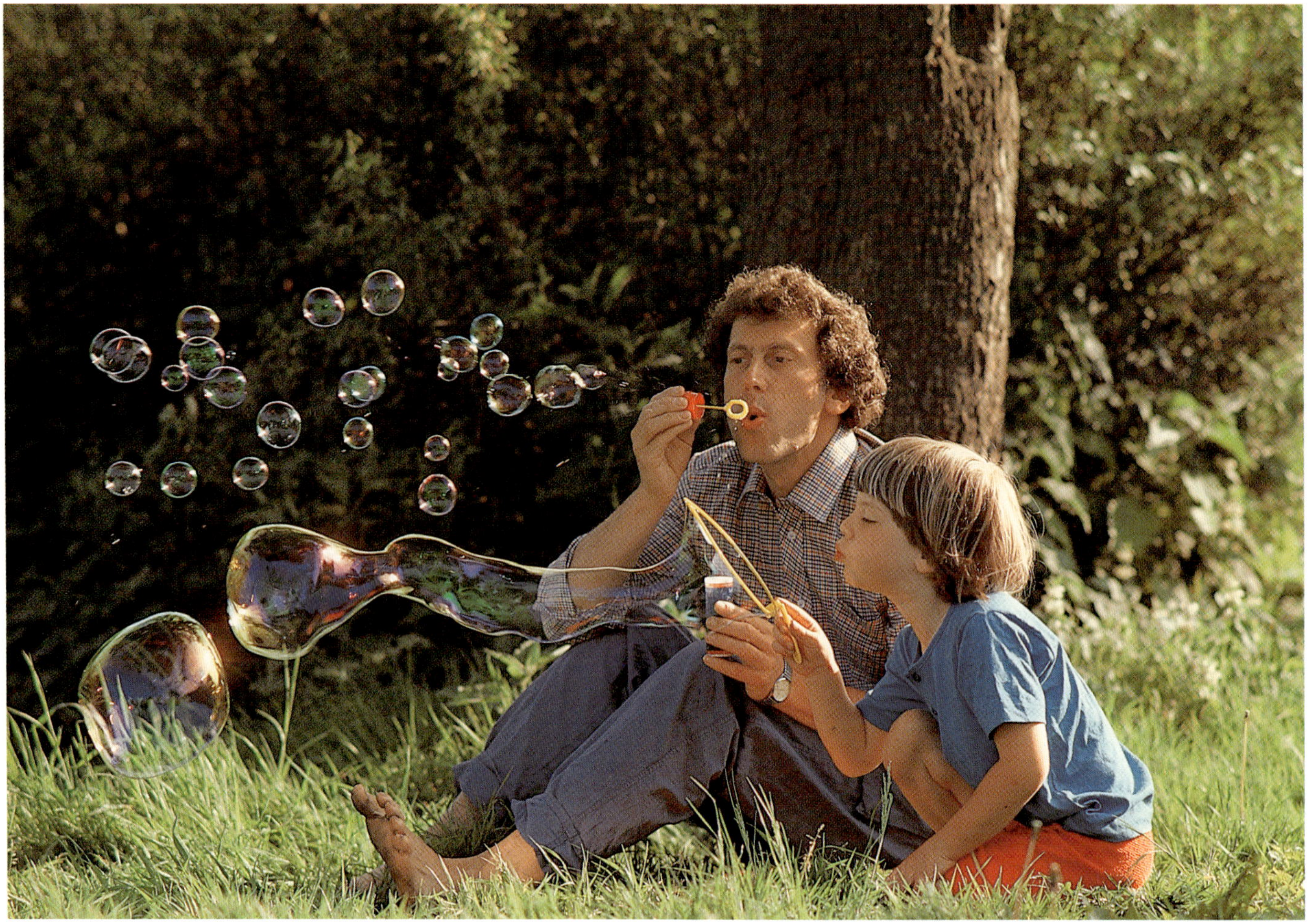

Ich wünsche mir,
daß unsere Freundschaft so bleibt wie sie ist,
bis ich erwachsen bin und länger.

Ich möchte so gerne,
daß er mir mal bei seiner Arbeit
alle Maschinen
und seine Kollegen zeigt.

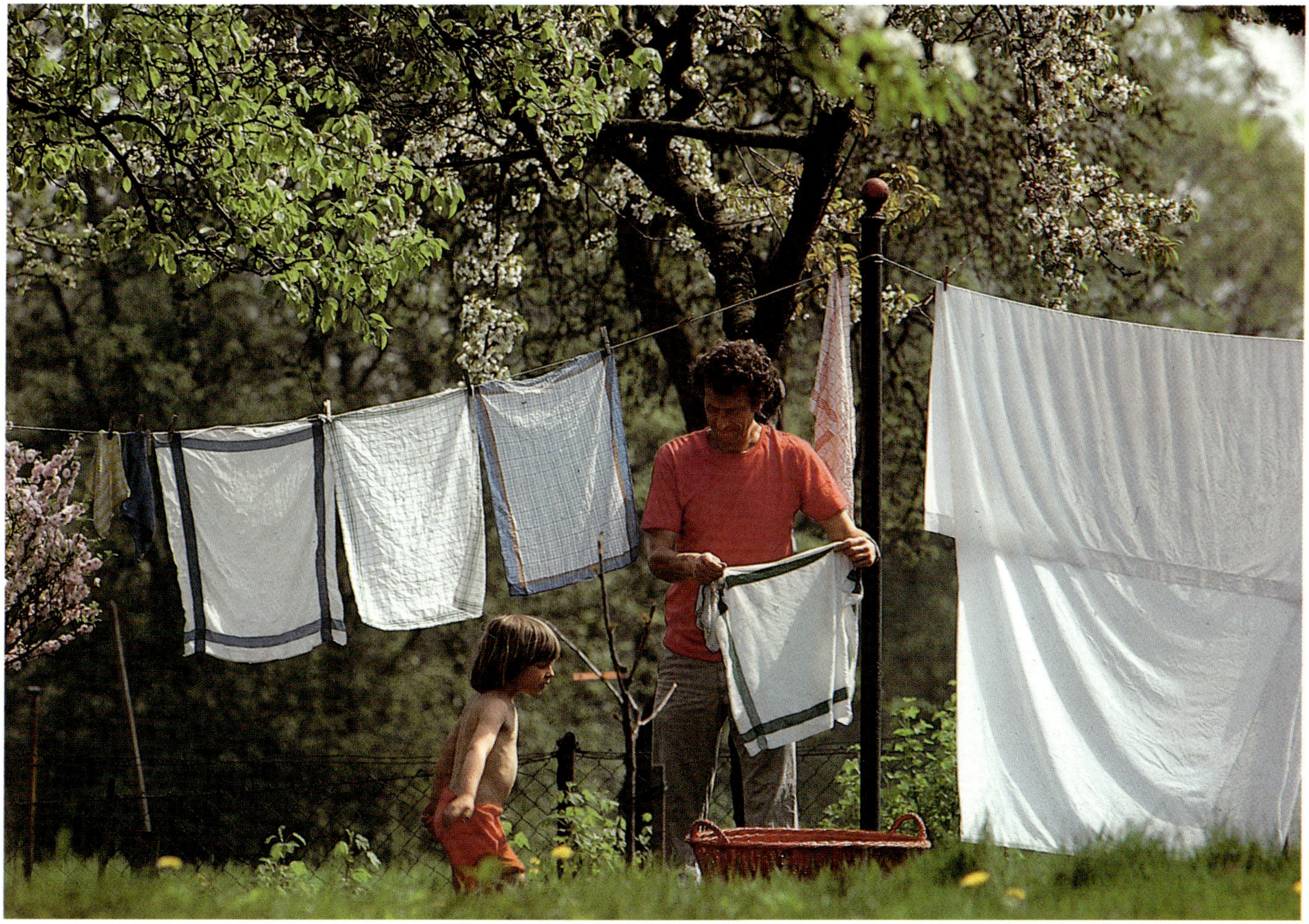

Mein Vater soll
zwei Meter neunzig groß sein
und mit mir 5mal pro Jahr
zu McDonald gehen.

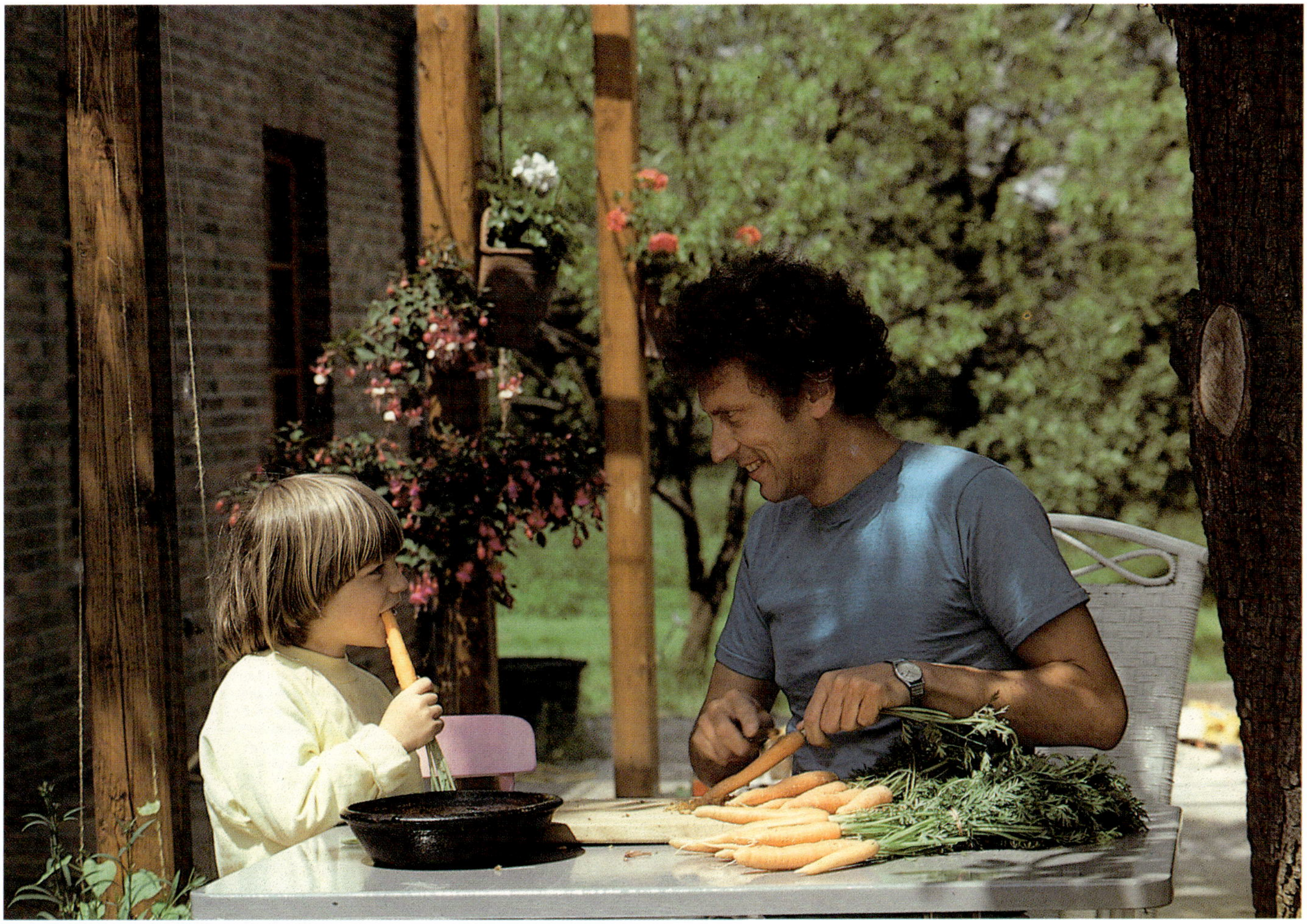

Ich wünsche mir von meinem Vater,
daß er mal mit zum Angeln geht.
Und daß er auch mal den Fisch,
den ich gefangen habe, ißt.

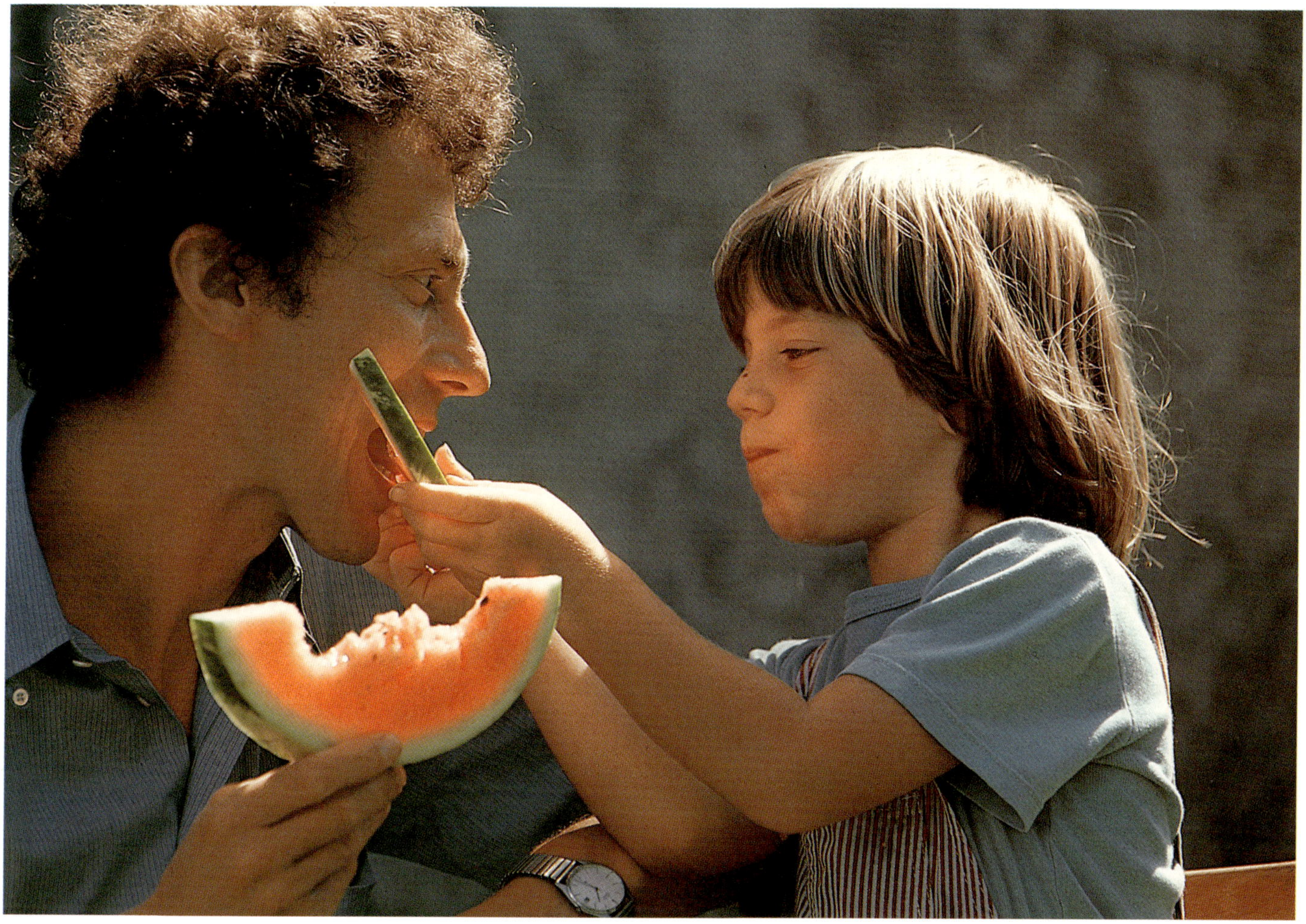

Ich mag ihn so, wie er ist,
und er soll auch so bleiben.

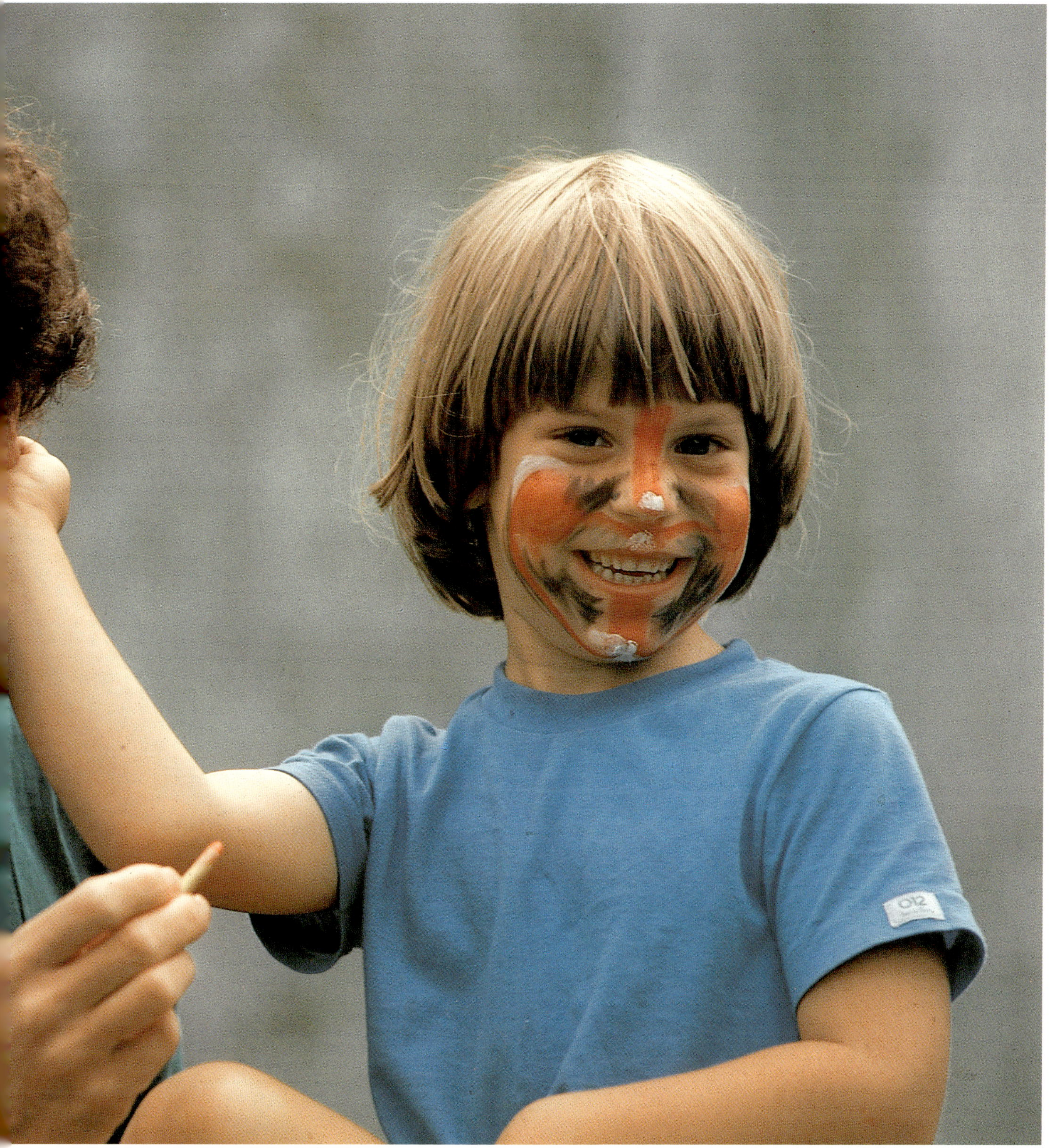

Das, was ich mir wünsche,
ist kein Haus, keine Reise, kein Geld, nein,
es braucht ja nur Frieden
auf unserer Welt zu sein.
Doch kann ich mir das von meinem Vater wünschen?
Ein Politiker ist mein Vater nicht.
Wozu dann eigentlich dieses Gedicht?

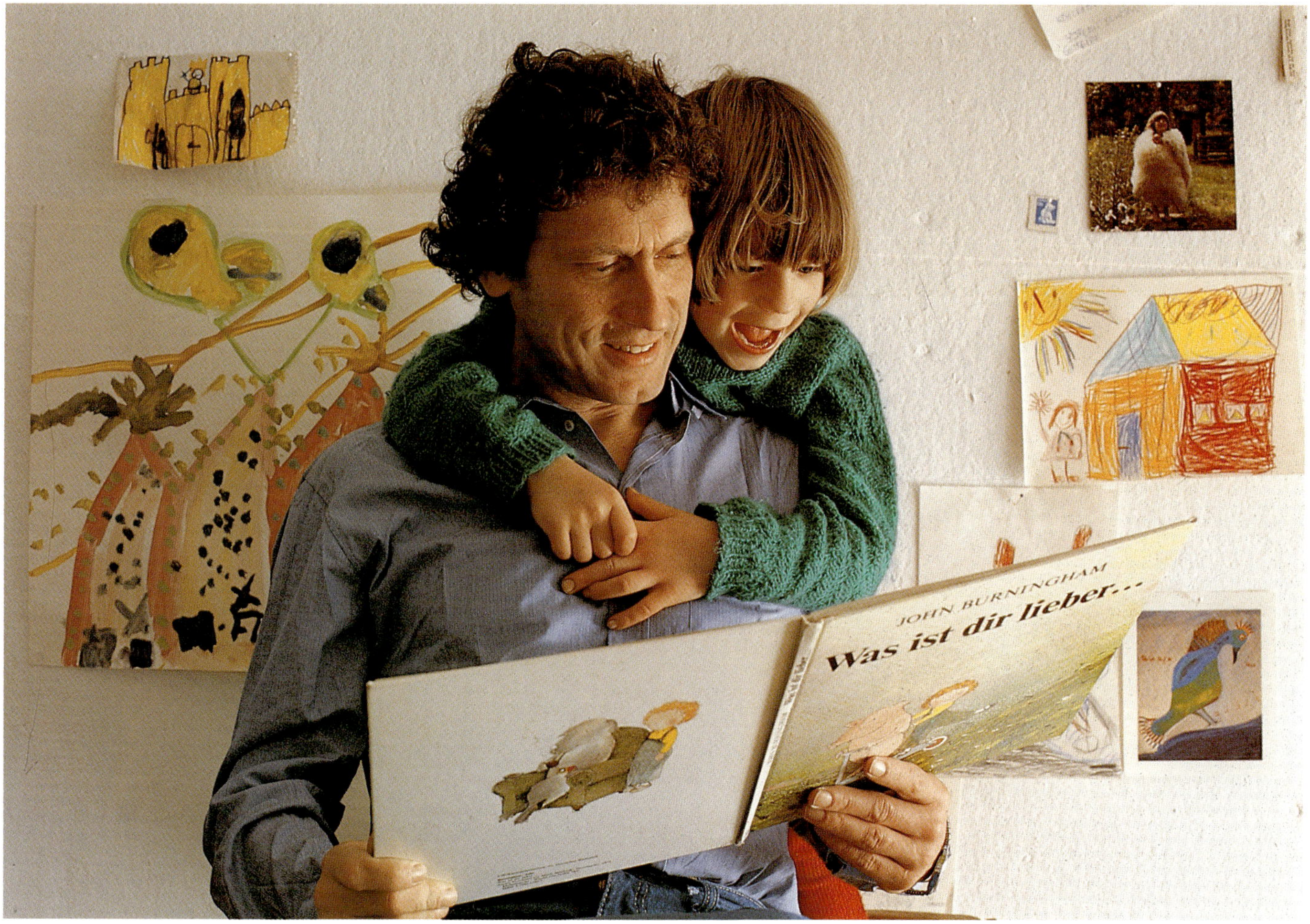

JOHN BURNINGHAM
Was ist dir lieber...

Ich wünsche mir,
daß mein Vater aufhört zu rauchen
und seinen Schlips abnimmt,
wenn er von der Arbeit kommt.

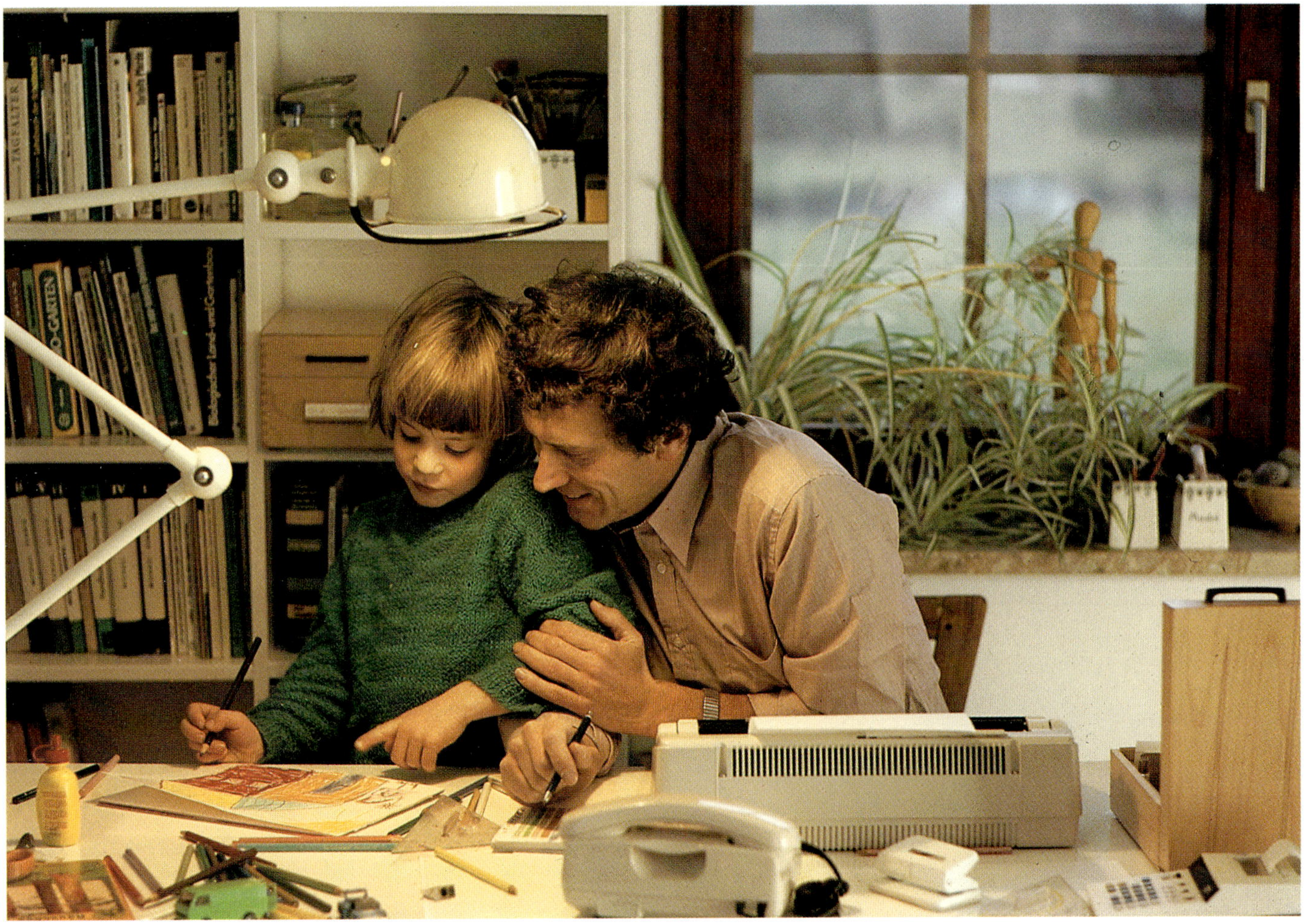

Mein Traum-Vater müßte viel Zeit haben.
Am liebsten wäre mir ein Millionär,
der eine Luxusjacht hat.
Aber mein Vater ist auch nicht schlecht.

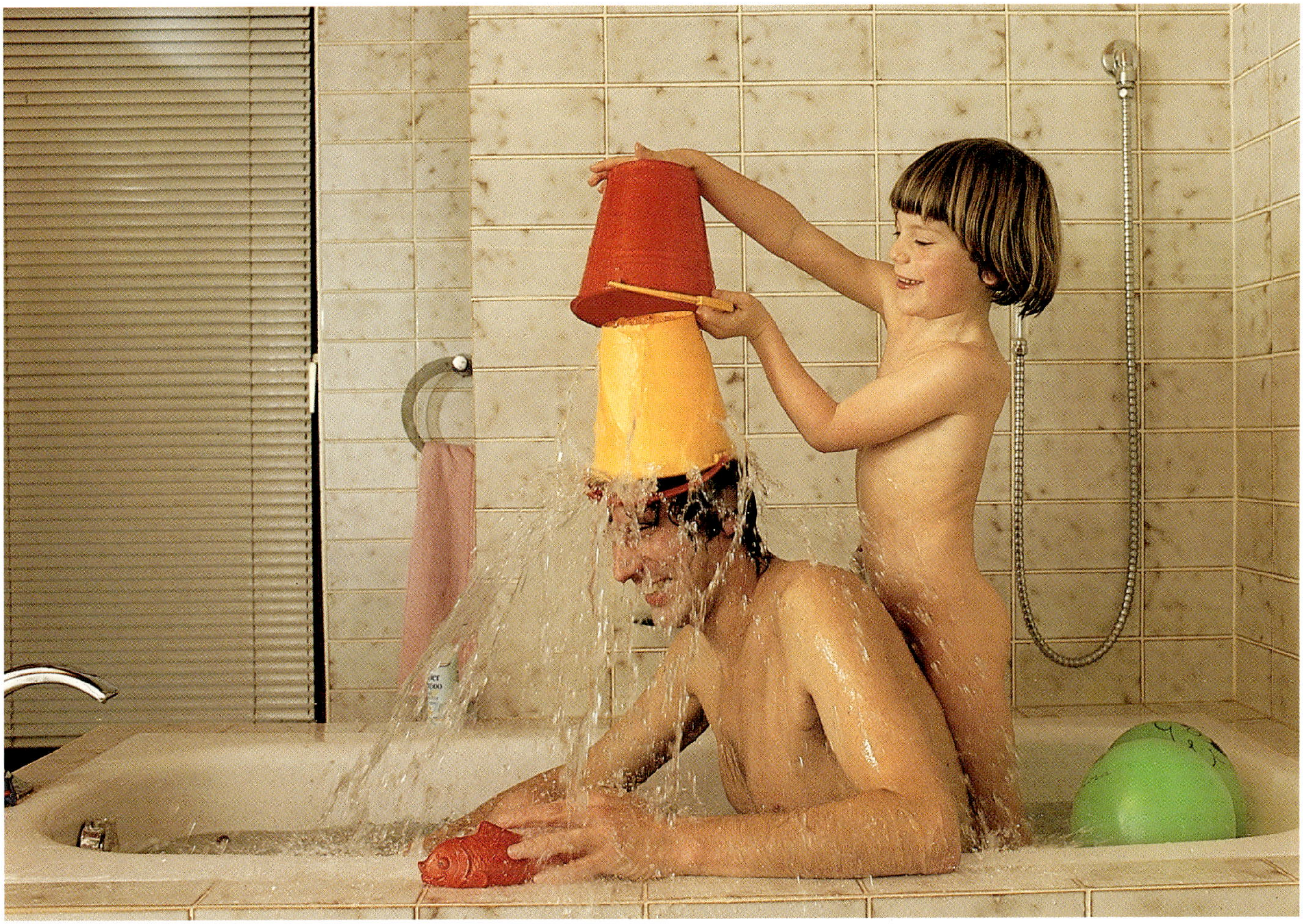

Morgens möchte ich
mit meinem Vater zusammen aufstehen
und ganz in Ruhe frühstücken.
Dabei könnten wir uns
über unsere Pläne und Probleme
unterhalten.

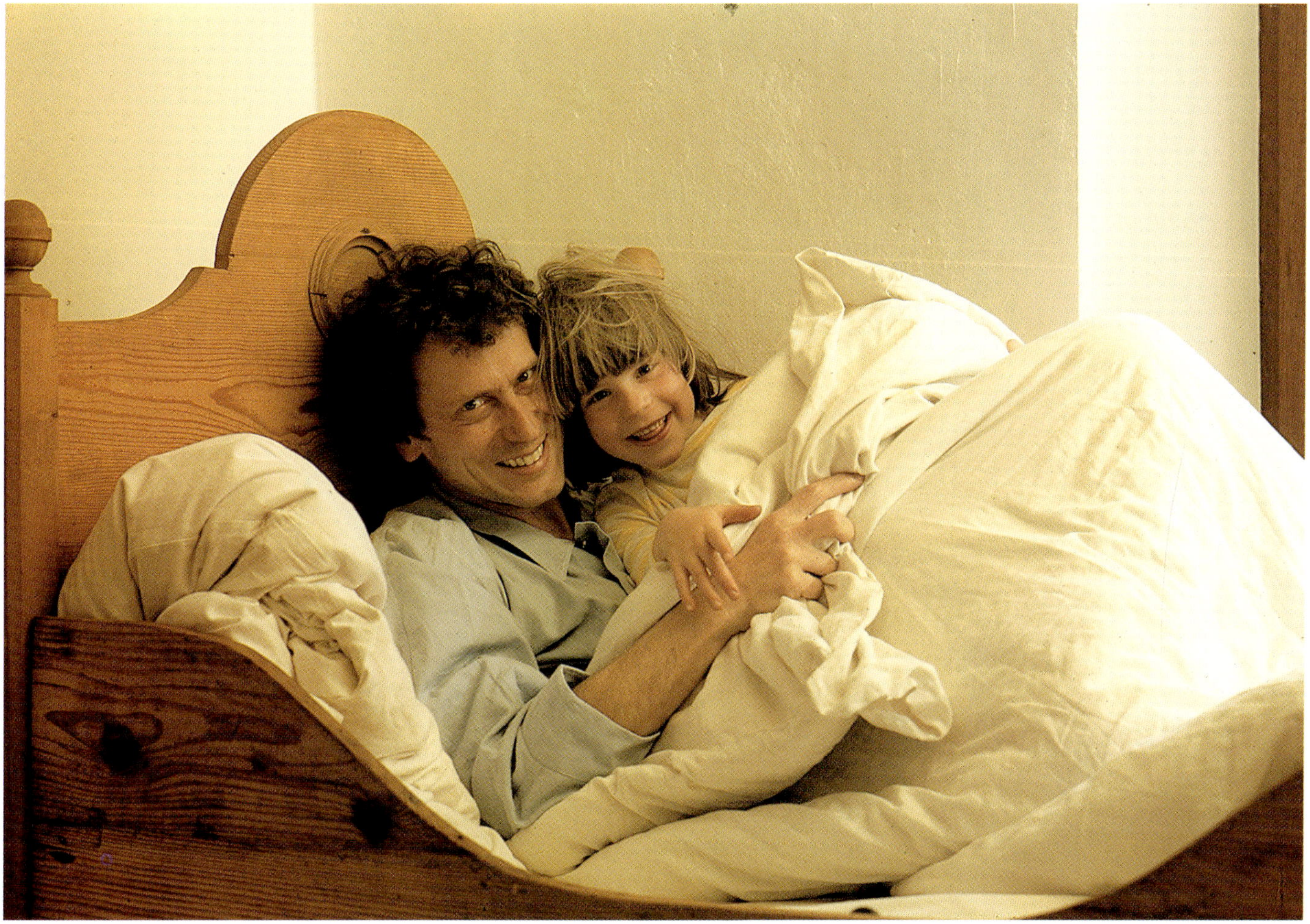

An einem schönen Tag waren mein Vater und ich zelten.
Als wir uns abends ein Lagerfeuer machten
und davorsaßen, hörten wir plötzlich leise Schritte.
Wir bekamen einen furchtbaren Schreck.
Die Schritte näherten sich leise unserem Lagerfeuer.
Auf einmal trat jemand durchs Gebüsch.
Zum Glück war es nur Mama.

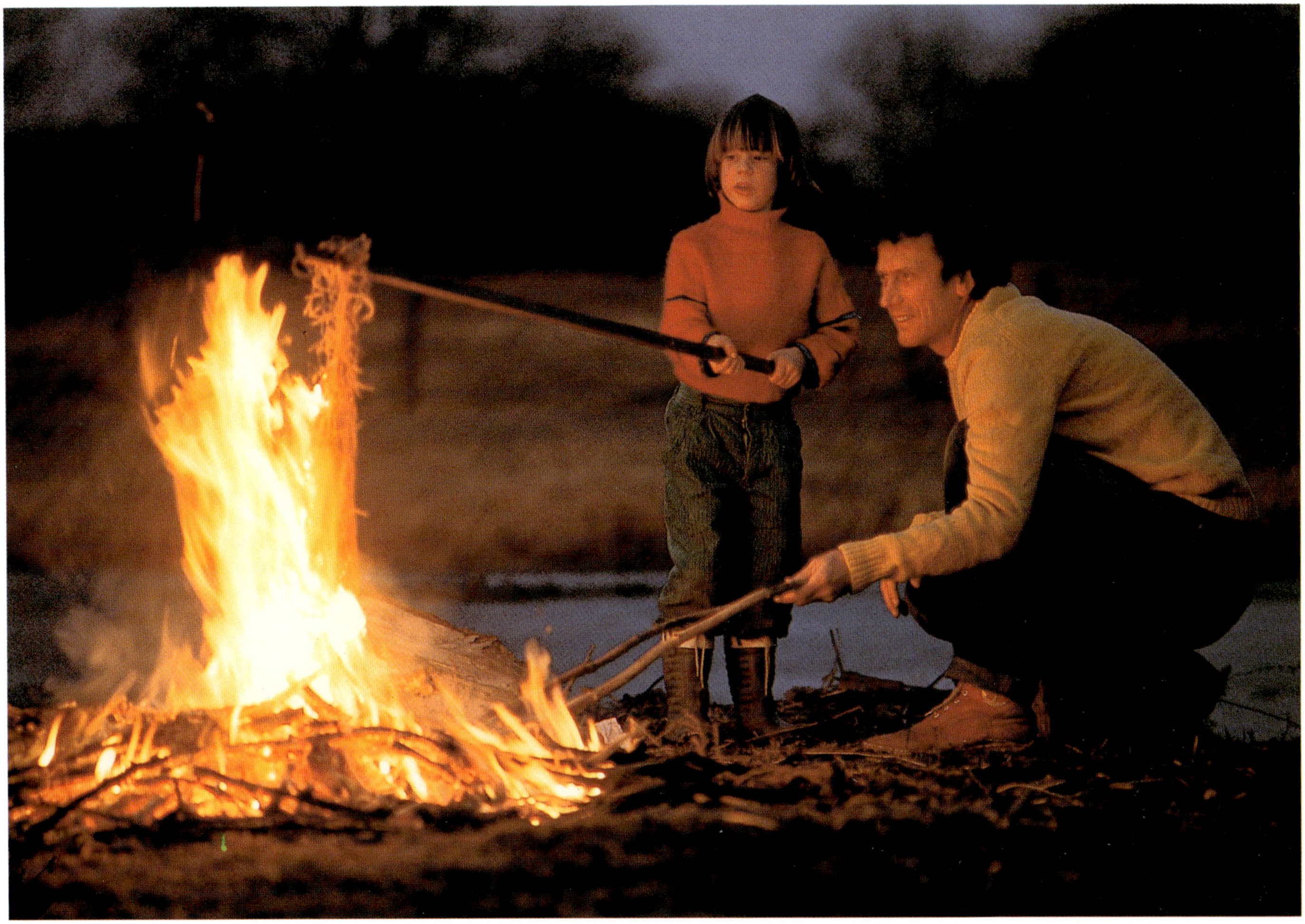

Christel Rosenfeld:
geb. 1948. Studium Textildesign und freie
Malerei in Hamburg. Freiberufliche Tätigkeit
als Textildesignerin, Bilderbuchillustratorin
und Fotografin. Bislang erschienen 5 gemalte
und 4 fotografierte Kinderbücher.
Sie fotografiert für Kunstbuchverlage und
Zeitschriften Blumen-Stilleben und Food.

Michael Rosenfeld:
geb. 1943. Studium Literaturwissenschaft
und Psychologie. Arbeitet als freier Fotograf für
Zeitschriften, Verlage und Agenturen.
Schwerpunkt: Reportagen und Menschen.
Bislang vier Fotobücher.

Malte Rosenfeld:
geb. 1980. In Zusammenarbeit mit seiner Mutter
entstanden 4 Malte-Fotobücher.

Die Texte entstanden in Zusammenarbeit
mit folgenden Schulen in Hamburg-Bergedorf:
Luisen-Gymnasium, Schule Hermann-Linde-Weg,
Gymnasium Bornbrook, Gymnasium Lohbrügge,
Hansa-Gymnasium, Schule Kirchwerder.

Alle Rechte vorbehalten – Printed in Germany
© Verlag Herder Freiburg im Breisgau 1986
Herstellung: Freiburger Graphische Betriebe 1986
ISBN 3-451-20773-7